日本各地

食べもの地図

食育資料

西日本編

帝国書院

日本各地

食べもの地図

西日本編

三重県から沖縄県まで、24府県の郷土《きょうど》料理、伝統《でんとう》野菜、行事食、特産物を各県ごとにしょうかいします。

もくじ

近畿

中国

四国

九州・沖縄

その他の巻の内容

『東日本編』

北海道から愛知県まで 23 都道県の
郷土料理・伝統野菜・行事食・特産物を紹介。

北海道・東北
（北海道、青森県、岩手県、宮城県、秋田県、山形県、福島県）

関東・甲信越
（茨城県、栃木県、群馬県、埼玉県、千葉県、東京都、神奈川県、山梨県、長野県、新潟県）

北陸・東海
（富山県、石川県、福井県、岐阜県、静岡県、愛知県）

『資料編』

日本各地の有名な料理や食材、農産物などの産地・特色が
一目でわかるよう、テーマごとに全国地図で紹介。
また、東日本編、西日本編の県別地図に連動する、
料理・特産物のイラストの解説や料理名・地名のさくいんも収録。

［テーマ］
四季の行事と食、すし、ごはんもの、汁もの、鍋もの、
めん類、しょうゆ・みそ、塩・砂糖、米、ムギ・雑穀、
野菜、魚介類、肉類、全国の名物菓子

都道府県の区分

［県別地図の記号の見方］

- 都道府県の境界《きょうかい》
- 北海道の振興局境界《しんこうきょくきょうかい》
- 都道府県庁所在地
- 北海道の振興局所在地
- 市
- 町・村
- 字《あざ》
- 新幹線
- JR線
- その他の鉄道
- 高速道路
- 有料道路
- おもな道路
- 火山・山頂
- 峠《とうげ》
- 空港
- 名所・名勝
- 史跡
- 世界文化遺産
- 世界自然遺産
- 食べものにかかわるおもな施設《しせつ》
- その他の重要な建物・場所

［県別地図の料理・特産物の見方］

どんこ汁 ＝ 郷土料理　いとこ煮 ＝ 行事食
練馬大根 ＝ 伝統野菜　ホタテ貝 ＝ 特産物
※この本でくわしく説明した料理・産物を地図の上で目立たせています。

［県別の特産物のアイコンの見方］

農産物　畜産物　水産物　養殖　養殖
林産物　加工食品　天然　天然

三重県《みえけん》

三重県は、東部の伊勢湾《いせわん》、複雑な入り江がつづく志摩《しま》半島、熊野灘《くまのなだ》沿岸を中心に漁業《ぎょぎょう》がさかんです。志摩半島では、伊勢エビ、アワビ、サザエなど、熊野灘では、カツオ、マグロなど、それらを使った料理がいろいろあります。そのほか、古くから伊勢神宮《いせじんぐう》にお参《まい》りする人たちに好まれた、伊勢うどん、特産の松阪牛《まつさかうし》の料理などがいまも名物として親しまれています。

御薗《みその》ダイコン

産地 明和町《めいわ》

1932年の京阪神《けいはんしん》への鉄道開通のころからたくあんに使われてきた。漬《つ》け上がったときに首の部分が黒くならないように、いくつかの品種をかけ合わせてうまれた。

朝熊小菜《あさまこな》

産地 伊勢市

朝熊ケ岳《あさまがたけ》のふもと、伊勢市に伝わり、正月の雑煮《ぞうに》用のほか、自家用の漬物《つけもの》用に栽培《さいばい》されている。長さ30cmほどのものを1～3月上旬に収穫《しゅうかく》し、うす塩で漬ける。

人と風土が守り育てた 伝統野菜《でんとうやさい》

伊勢《いせ》イモ

産地 多気町《たき》

ヤマトイモの仲間《なかま》のボール状のイモで、江戸《えど》時代にはすでに広く出まわっていた。ねばりが強く、すりおろした後《あと》、色がかわりにくい。とろろ料理や和菓子《わがし》に使われる。

[凡例]
郷土料理　伝統野菜
行事食　特産物
※❶～❿については『資料編』44ページで解説《かいせつ》しています

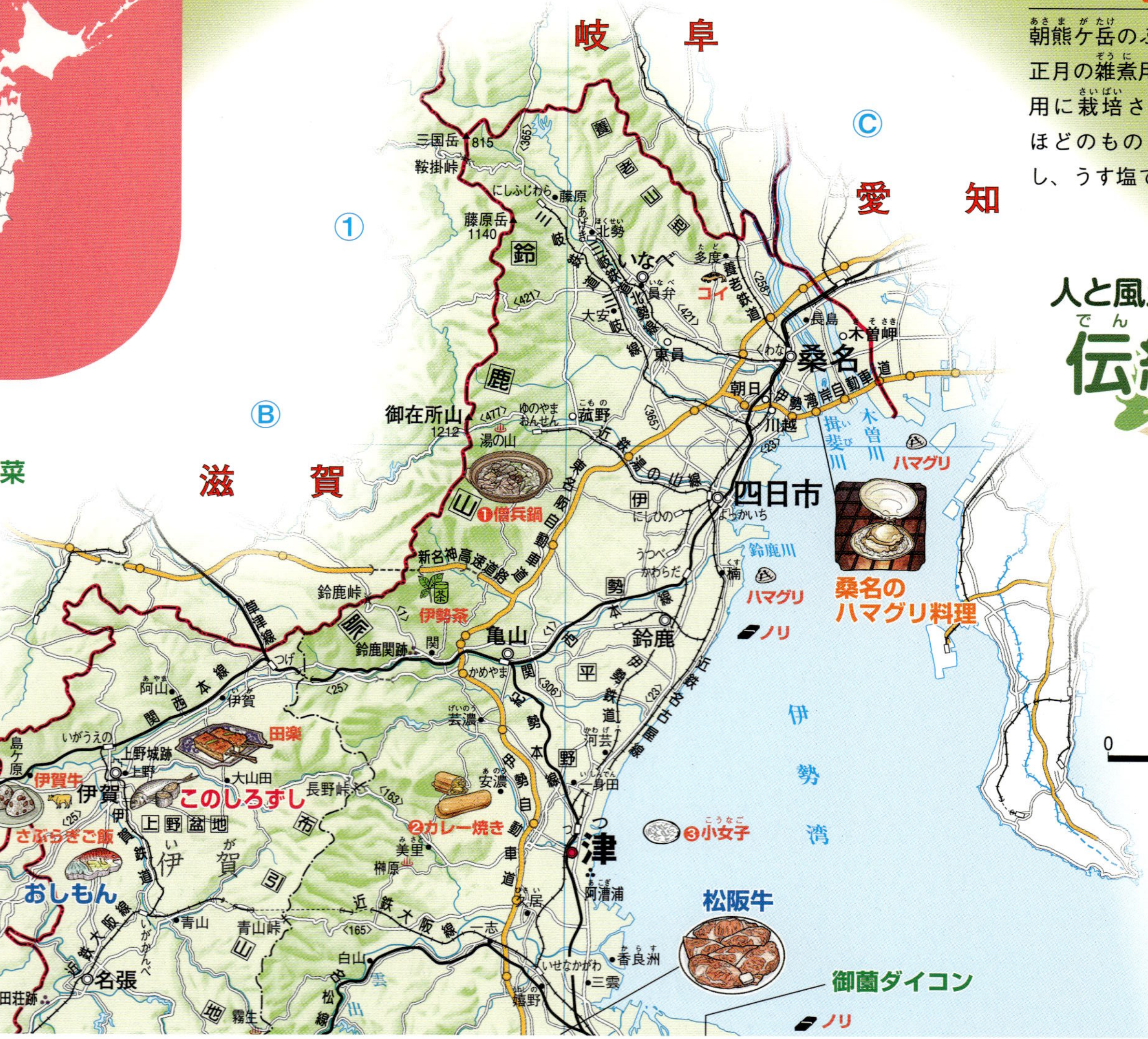

これからも伝えていきたい
郷土料理《きょうどりょうり》

伊勢《いせ》うどん

手打ちの太い麺《めん》に、溜《たま》りじょうゆとだし汁《じる》の黒いたれをかけて食べるうどん。もともとは、江戸時代より前から農民が、みそをつくるときにできる「溜り」をうどんにかけて食べていたものがはじまりとされる。伊勢参りの旅人によって名前が広がった。

さんまずし

秋から冬にかけて、東北《とうほく》の三陸沖《さんりくおき》からおりてきて脂肪分《しぼうぶん》が少なくなった、熊野灘でとれるサンマを使う。包丁《ほうちょう》で頭から尾《お》まで背開《せびら》きにし、1～2日塩漬《しおづ》けにしたものを水洗いし、これをダイダイ酢《す》、ユズ酢などに漬ける。すし飯《めし》の上に尾と頭がついたままのサンマをのせてつくるすがたずし。

桑名《くわな》のハマグリ料理

江戸時代から「その手は桑名《くわな》(食わない)の焼きハマグリ」というダジャレにされるほど、東海道《とうかいどう》を行く旅人のあいだでも知られた桑名の名物。ハマグリは、海水と淡水《たんすい》がまじり合う大きな川の河口《かこう》でよいものがとれるとされ、焼きハマグリ、酒蒸《さかむ》し、潮汁《うしおじる》などにする。

三重県《みえけん》

三重県の伊勢《いせ》平野では米の栽培《さいばい》がさかんで、茶の栽培もおこなわれています。畜産《ちくさん》では全国的に有名な松坂牛《まつさかうし》が育てられるほか、漁業も的矢湾《まとやわん》などでのカキの養殖《ようしょく》がさかんです。カツオやマンボウなども水揚《みずあ》げされます。

地域《ちいき》に受けつがれてきた行事食

手こねずし　大漁《たいりょう》祝い

手こねずしは、カツオやマグロなどの身をしょうゆなどのたれに漬《つ》けこみ、ごま、大葉《おおば》、ミョウガなどとあわせてすしめしにまぜた、伊勢地方に伝わるすし。だしじょうゆにつけたカツオをまぜないでのせるだけのこともある。もともと漁師が漁船の上で釣《つ》りたてのカツオをさばいてしょうゆに漬《つ》けてご飯にのせ、手でこねて食べていたものが、しだいに一般的《いっぱんてき》なもてなし料理となり、さらに網元《あみもと》*が大漁を祝って漁師たちに食べさせる特別な料理となった。

*大ぜいの漁師をやとって漁業をする人。

おんこずし　山の神の日

漁師や海女《あま》の食べものとして伝わっているのが、「おんこずし」。酢《す》めしをおにぎりにして、塩をふってしめたカツオやアジ、イワシなどの身をのせて食べた。名前の由《ゆ》来《らい》には、形が子どもをおんぶしているすがたに似ているという説や、旧暦《きゅうれき》10月の最初の亥《い》の日に山の神にそなえた「いんのこもち」がなまったという説などがある。

このしろずし　このしろまつり

このしろずしは、背開《せびら》きしたコノシロの塩漬《しおづ》けを塩抜《ぬ》きし、腹《はら》にご飯をつめ、ユズの葉と果実とともに漬けこんで発酵《はっこう》させたなれずし（→p11）。コノシロという出世《しゅっせ》魚《うお》*をつかったすしは各地にある。三重県の伊賀《いが》市にある佐々《ささ》神社では、毎年12月10日に「このしろまつり」がおこなわれ、出世を願って、氏子《うじこ》にこのしろずしが配られる。

*成長にともないよび名がかわる魚のこと。地方によってよび名はちがうが、三重県では、コハダ→ツナシ→コノシロとなる。

こんなのもあるよ！
・三重県の給食・

伊勢市内の小学校
（三重県伊勢市）

ひなたやけ
伊勢市の天然《てんねん》記念物になっている「蓮《れん》台寺柿《だいじがき》」でつくった干《ほ》し柿。自然なあまさと一口大の大きさが特徴《とくちょう》。

伊勢《いせ》うどん
太くやわらかいうどんに、イリコやコンブなどでとっただしとたまりじょうゆ、ザラメなどで味をつけた独特のたれをかけて食べる。

牛乳
伊勢市の近くにある度会《わたらい》郡の大紀《たいき》町でつくられている牛乳。

あいまぜ
千切りにしたダイコン、ニンジンなどの野菜をからいりしたものと、千切りにしたこんにゃく、油あげ、ちくわに下味をつけたものを、甘酢《あまず》、しょうが汁《じる》、ごまなどの調味料でまぜあわせる。保存《ほぞん》できる料理として伝わる郷土《きょうど》料理のひとつで、仏事《ぶつじ》につくられることが多い。

三重県で有名な特産物

伊勢《いせ》エビ

房総《ぼうそう》半島以南の太平洋沿岸《えんがん》にすむ大型のエビ。刺身《さしみ》や焼き物、蒸《む》し物など、さまざまに料理される。その名前の由来《ゆらい》は、三重県伊勢志摩《いせしま》地方を代表する食材という説や、「威勢《いせい》がよいエビ」がちぢまったという説などがある。ピーンと長くのびた大きな触角《しょっかく》とまがった腰《こし》をもつすがたが長寿《ちょうじゅ》のシンボルにもたとえられ、また、よろいかぶとすがたの勇《いさ》ましい武士を連想させるなど、伊勢エビは縁起《えんぎ》のよいものとして、祝いの席などで食べられるようになった。

的矢《まとや》カキ

的矢カキは、リアス海岸の的矢湾《わん》で養殖《ようしょく》されているカキ。的矢湾では、昭和《しょうわ》初期からカキの養殖がはじまり、以来、養殖技術を常に工夫しつづけてきた。湾内にはカキを養殖するためのたくさんの養殖いかだが浮《う》かんでいる。

上空から見た的矢湾内に浮かぶカキの養殖いかだ。

松阪牛《まつさかうし》

松阪牛は、松阪肉牛協会により、「三重県の雲出川《くもずがわ》以南、宮川《みやがわ》以北の地域《ちいき》で500日以上育てられた、子どもをうんだことのないメスの牛」と規定されている。しかし、松阪付近でうまれた牛である必要はなく、現在、松阪牛の多くは、兵庫《ひょうご》県産の但馬《たじま》牛のほか、宮崎《みやざき》県産の牛が松阪市近郊《きんこう》の肥育《ひいく》農家で3年ほど育てられた牛だ。

赤福《あかふく》

赤福は300年以上前から伊勢神宮の内宮前で売られている和菓子《わがし》。やわらかなもちの上にあまさをおさえたこしあんがのる。あんにある3つの筋《すじ》は、伊勢神宮を流れる五十鈴川《いすずがわ》のせせらぎをあらわし、白いもちは川底の小石をあらわしているという。名前は「赤心慶福《せきしんけいふく》*」から2文字をとって「赤福」となったといわれている。

むかしから信仰《しんこう》をあつめた伊勢神宮。

おしもん

祝いごとがあるときにくばられる砂糖《さとう》菓子。寒梅粉《かんばいこ》*に白砂糖、水あめ、食紅《しょくべに》などを入れてねり、タイなど縁起のよい形の木型に入れる。あいだに白あんをうすくはさむ。押《お》して形をつけるところから「おしもん」とよばれる。むかし、タイなど海産物が手に入りにくかった伊賀《いが》で、お祝い用にタイやエビの形をした「おしもん」をつくったのがはじまりと伝わる。

＊もちをうすくのばして焼いたものをひいて、さらにふるった細かい粉。和菓子の原料としてよくつかわれる。

＊「赤子《あかご》のようなきれいな心で、自分や他人の幸せを喜ぶ」という意味。

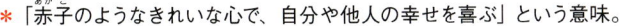

滋賀県《しがけん》

滋賀県には、日本一大きい湖の琵琶湖《びわこ》があり、県の面積の約6分の１をしめています。琵琶湖ではフナ、ビワマス、シジミなどたくさんの種類《しゅるい》の魚や貝がとれます。これらを使ったすしや佃煮《つくだに》などが名物です。土地が肥《こ》え気候が温暖《おんだん》な近江盆地《おうみぼんち》では米づくりがさかんです。高級和牛として知られる「近江牛《おうみぎゅう》」や、琵琶湖北岸でとれるカモを使った料理も地元の名物料理として知られています。

ふなずし

塩漬《しおづ》けにしたフナを、ごはんといっしょに数か月から１年ほど漬《つ》けて発酵《はっこう》させた料理。冷蔵庫《れいぞうこ》のない時代に、魚をくさらせず保存《ほぞん》するためにうまれた「なれずし」の一種。独特《どく》のにおいがあり、味はすっぱい。琵琶湖でとれるニゴロブナを使うが、近年はあまりとれなくなっている。

人と風土が守り育てた 伝統野菜《でんとうやさい》

日野菜《ひのな》

産地 日野町・甲賀市《こうか》ほか

葉の部分と25～30cmの長さになる根の上の方が赤紫《あかむらさき》、根の下の方が白いのが特徴《とくちょう》。丸ごとぬか漬《づ》けにした「えび漬け」や「桜漬《さくら》け」とよばれる塩漬けなどにされる。

万木《ゆるぎ》カブ

産地 高島市《たかしま》・愛荘町《あいしょう》ほか

琵琶湖西側の高島市安曇川《あどがわ》町西万木《にしゆるぎ》あたりに古くからあった赤カブ。いまは広く栽培《さいばい》されている。「万木カブ」とよばれるようになったのは、明治《めいじ》時代のなかごろという。漬物《つけもの》にする。

山田《やまだ》ねずみだいこん

産地 草津市《くさつ》

大正《たいしょう》時代からつくられ、根の先がネズミのしっぽのように細いことからこの名がついた。葉はやわらかく、根といっしょに、たくあん漬けや七草《なな》がゆにも使う。

これからも伝えていきたい 郷土料理《きょうどりょうり》

瀬田《せた》しじみの鉄砲《てっぽう》あえ

シジミのゆでた身《み》を、ネギといっしょに酢《す》みそにまぜたもの。瀬田シジミは琵琶湖だけにすんでいるシジミで、大むかしから食べられてきた。瀬田は琵琶湖の南側《がわ》にある大津《おおつ》市あたりの地名。鉄砲あえは、酢、砂糖《さとう》、からし、みそでつくった酢みそで魚介類《ぎょかいるい》とネギをあえたもののこと。

アメノイオご飯《はん》

アメノイオは、琵琶湖にすむビワマスがたまごをうむために川をさかのぼるときのよび名。秋、雨がよくふる時期《じき》に川をのぼるため、こうよばれる。「イオ」は「ウオ（魚）」のこと。産卵《さんらん》のため脂《あぶら》が少なくなった時期の身を、しょうゆ味のだしとニンジン、シイタケなどの具とあわせ炊《た》きこんだごはん。

滋《し》賀《が》県《けん》

滋賀県では農地の90%以上を占《し》める水田で近江米《おうみまい》がつくられています。畜産《ちくさん》では近江牛が有名で、琵琶湖《びわこ》や周辺の湖でとれる魚の種類も豊富《ほうふ》です。まっ赤な赤こんにゃくは、むかしから近江八幡《はちまん》に伝わる特産品です。

地域《ちいき》に受けつがれてきた行事食

鮒《ふな》の子まぶし　正月

鮒の子まぶしは、うすく切ったフナの身に、ゆがいてほぐしたフナのたまごをまぶして食べる刺《さし》身《み》の一種。余呉《よご》湖でとれるフナはゲンゴロウブナ（ヘラブナ）で、フナのなかではいちばん大きく体長が30～40cmにもなる。正月のころから2月のもっとも寒い時期にとれる「寒ブナ」は、魚卵《ぎょらん》もしまっていて、おいしいといわれている。魚卵は縁起《えんぎ》のよい食べものであることから、正月に食べられている。

エビ豆　正月

琵《び》琶《わ》湖《こ》でとれるエビをつかった正月料理で、豆とエビをしょうゆ味で煮《に》こんだもの。エビ豆につかわれるのは、スジエビとよばれる淡水《たんすい》にすむ小さいエビで、皮がやわらかいため、皮をむかずにそのまま食べられる。エビのように腰《こし》がまがるまで、まめに（元気に）くらせるようにという願いをこめ、むかしから食べられているという。

打ち豆雑煮《ぞうに》　正月

滋賀県の近江地方と湖北《こほく》地方では、白大豆《しろだいず》を石臼《いしうす》でつぶしてかわかした「打ち豆」を入れた白みそ仕立ての雑煮を正月に食べる。「打ち豆」は日本海側の地《ち》域《いき》に見られる大豆の加工方法で、滋賀県では正月以外に、冬の仏事《ぶつじ》のあとにふるまわれるみそ汁《しる》などにも入れられる。

こんなのもあるよ！

・滋賀県の給食・

大津《おおつ》市内の小学校
（滋賀県大津市）

日野菜《ひのな》のいためもの

日野町の伝統野菜、日野菜はカブのなかま。紅白《こうはく》二色をした細いダイコンのような根を漬物《つけもの》にして食べる。この漬物と、地元でとれた小松菜とダイコンのいためもの。

こあゆ豆

琵琶湖にすむ小さいアユを揚《あ》げたものと、やわらかく煮た大豆をあまからいたれとからめたおかず。琵琶湖にしかいないハゼのなかまのイサザをつかった郷土《きょうど》料理「いさざ豆」を応用。

いもの子汁

サトイモと青菜を具にした汁物に、近江八幡市の特産物である赤こんにゃくを入れたもの。

滋賀県で有名な特産物

琵琶湖《びわこ》の魚

琵琶湖は世界でも有数の古い湖で、およそ400万年の歴史があるといわれる。現在も50数種類もの魚類がすみ、ここにすむ魚から滋賀県独自の食文化がうまれた。代表的な料理は、体長が10cmほどにしかならない「コアユ」の佃煮《つくだに》、コイ科の「モロコ」の素焼《すや》き、「ニゴロブナ」を塩漬《しおづ》けにし、ご飯と漬けて発酵《はっこう》させたなれずしなどがある。

近江牛《おうみぎゅう》

近江牛は滋賀県の近江(湖東《ことう》地方)で育てられた黒毛和牛*である。近江牛とよばれるのは、生育期間の半分以上を滋賀県内で育てられた黒毛和牛だけ。この地方で牛の飼育がさかんなのは、近江地方の大部分が二毛作《にもうさく》地帯であることによる。米の生産の合間に、大麦の栽培《さいばい》がおこなわれ、牛はその大麦に米ぬかをくわえた飼料で育てられている。

*食肉にするために育てられる、体毛の黒い「黒毛和種」という品種の和牛のこと。

赤こんにゃく

近江八幡《おうみはちまん》でつくられるこんにゃくは、赤い色をしていて、赤こんにゃくとよばれる。この色は三二酸化《さんか》鉄という、酸化した鉄でつくった食品添加物《てんかぶつ》でつける。味はふつうのこんにゃくと同じ。食物《しょくもつ》繊維《せんい》が豊富でカルシウムもあり、健康にもよいとされる。この地方の冠婚葬祭《かんこんそうさい》にはかならずつかわれる食材。派手《はで》好きだったといわれる戦国《せんごく》時代の武将《ぶしょう》・織田信《おだのぶ》長《なが》がつくらせたと伝わる。

料理につかうと、赤がきれいだ。

丁字麩《ちょうじふ》

水と塩と小麦粉をねって取りだしたグルテンに、水と小麦粉をくわえて生麩《なまふ》をつくる。それを四角い棒状《ぼうじょう》にして食べやすいように適当な厚さに切る。それをあぶって焼きあげたのが丁字麩。鍋《なべ》などに入れても煮くずれしにくく、もちのような食べごたえがある。もとは角のない棒状だったが、近江商人が麩を売りあるいたとき、持ちはこびしやすいように四角くしたという。

職人がひとつずつ手で焼いている。

丁稚羊羹《でっちようかん》

滋賀県の丁稚羊羹は、小豆《あずき》のあんと小麦粉、黒砂糖《くろざとう》などをねりまぜ、竹皮に包んで蒸《む》したようかん。近江八幡は近江商人発祥《はっしょう》の地で、むかしから江戸《えど》や大阪《おおさか》へ丁稚奉公《ほうこう》に出る人が多かった。名前の由来《ゆらい》は、お盆《ぼん》で帰省してきた丁稚が奉公先へ帰るときに、みやげとしてこのようかんをもっていったことにあるといわれている。

あまさをおさえた味わい。

京都府《きょうとふ》

京都は、南部の京都盆地《ぼんち》を中心に、平《へい》安《あん》時代から江戸《えど》時代まで、1000年以上にわたって、日本の都《みやこ》であったところです。郷土《きょうど》料理にも歴史の中でつみあげられた独特《どくとく》のものがあります。懐《かい》石《せき》料理や精進《しょうじん》料理にみられる湯葉《ゆば》、麩《ふ》、豆腐《とうふ》や、京野菜とよばれる伝統《でんとう》野菜など京料理に使われる材料が、家庭でのふだんのおそうざいにもとりいれられています。

人と風土が守り育てた伝統野菜《でんとうやさい》

伏見《ふしみ》とうがらし

産地 京都市伏見区

京都市伏見区付近で古くから栽培《さいばい》されていた。やわらかく、からみがないのが特徴《とくちょう》。トウガラシの中でもとくに細長く、葉は佃煮《つくだに》にもされる。夏の食材として欠かせない。

賀茂《かも》なす

産地 京都市・京田辺《きょうたなべ》市・亀岡《かめおか》市・綾部《あやべ》市

京都の夏野菜の代表。江戸時代はじめごろには、いまの京都市左京《さきょう》区で栽培されていたと伝わる。「大芹川《おおせりかわ》なす」ともよばれる。3つに分かれたへたが特徴の大きな丸ナス。

聖護院《しょうごいん》かぶ

産地 京都市左京区

江戸時代、近江国《おうみのくに》（いまの滋賀県）から伝わり、京都市左京区聖護院のあたりで栽培されはじめた。うす切りにした漬物《つけもの》「千枚漬《せんまいづけ》」によく使われる。国内では最大級のカブ。

［凡例］

郷土料理　伝統野菜

行事食　特産物

※❶～❿については『資料編』45ページで解説《かいせつ》しています

これからも伝えていきたい

郷土料理《きょうどりょうり》

いもぼう

エビイモと棒《ぼう》ダラを煮《に》た京料理。エビイモはサトイモの一種で、江戸時代中ごろ、天皇《てんのう》につかえていた人が長崎から唐芋《とうのいも》というイモをもち帰って栽培《さいばい》したのがはじまり。エビの形に似たイモができたことで名がついた。マダラを干《ほ》してつくる棒ダラは、北海道から日本海を通って大阪にむかう北前船《きたまえぶね》で運ばれた。

賀茂《かも》なすの田楽《でんがく》

賀茂なすを横半分に切って油でじっくり焼き、その上に甘《あま》みそをのせて皮ごと食べる料理。賀茂なすは、きめが細かく形がくずれにくいので、炒《い》め物や煮物《にもの》などに使いやすい。田楽は、しぎ焼きとならぶ賀茂なすの代表的な料理で、7月の祇園祭《ぎおんまつり》のころ、料亭《りょうてい》などでは必ずといってよいほど登場する。

湯葉《ゆば》料理

湯葉は、豆乳《とうにゅう》を熱したときに表面にできるうすいまく状のもの。鎌倉《かまくら》時代に中国から伝わり、「湯婆」「湯波」などいろいろな漢字が当てられてきた。豆乳の原料である大豆《だいず》のかおりとうま味がたくさん入っている京名物。生《なま》湯葉はそのまま刺身《さしみ》で食べるなどし、干《ほ》し湯葉は吸《す》い物や煮物などに使われる。

京都府《きょうとふ》

京都は、京野菜で知られているほか、茶や米、大豆《だいず》などの産地です。京野菜の漬物《つけもの》や、和菓子《わがし》によくあう宇治《うじ》茶《ちゃ》、大豆《だいず》をつかったみそなどがつくられています。京丹《きょうたん》後《ご》の米からつくられる酒も有名です。

地域《ちいき》に受けつがれてきた行事食

ハモ料理　祇園祭《ぎおんまつり》

ハモは生命力が強く、長時間でも生かしたまま運ぶことができる。瀬戸内《せとない》海《かい》から遠くはなれた京都で、むかしからハモが多く食べられてきたのは、そうした理由によるもの。ハモはウナギのなかまで、細長く小骨《こぼね》が多い海の魚。京都ではハモを湯引き（さっと熱湯《ねっとう》にくぐらせる調理法）して、梅《うめ》干《ぼ》しの果肉といっしょに食べる。7月の祇園祭は、別名「はも祭」ともいわれる。それは祭に訪《おとず》れる人を京都の人が、ちょうどこのころにおいしくなるハモでもてなすためだ。

鍋《なべ》に入れても、おいしい。

白みそ雑煮《ぞうに》　正月

正月に食べる京都の雑煮は、コンブでだしをとり、ダイコン、頭芋《かしらいも》、金時《きんとき》ニンジンなどの根菜と丸もちをつかって、うす味の白みその西京味噌《さいきょうみそ》（→p15）で味をつける。角《かど》をたてずに、みんなが円満にくらせるようにという意味をこめて、雑煮に入れる具材の角をとり、すべて丸く切る。

大根炊《だいこだ》き　師走《しわす》行事

京都市上京《かみぎょう》区にある大報恩《だいほうおん》寺《じ》（千本釈迦堂《せんぼんしゃかどう》）では、毎年12月上旬《じょうじゅん》に「大根炊き」がおこなわれ、5000本のダイコンと油あげをしょうゆで煮《に》て、翌年《よくねん》の健康を願う参拝客《さんぱいきゃく》にふるまう。鎌倉《かまくら》時代にこの寺の僧侶《そうりょ》がダイコンの切り口に梵《ぼん》字《じ》*を書いて魔《ま》よけにしたのがはじまりという。

むかしは丸大根がつかわれた。

こんなのもあるよ！

・京都府の給食・

宮津《みやづ》市内の小学校
（京都府宮津市）

ホウレンソウのいそあえ
地元でとれたホウレンソウとハクサイに、ニンジンをくわえて、のりであえたもの。

いもまる
校区でとれたヤマノイモをすったものに、ツナ缶《かん》や野菜をまぜて揚《あ》げたもの。

じゃこのさっと揚げ
宮津湾《わん》でとれたじゃこをこがさないように、油でかるく揚げたもの。

丸大根と金時人参のふくめ煮
宮津市産の丸大根と金時人参に、校区でとれたサトイモを、とり肉といっしょに煮て、片栗粉《かたくりこ》でとろみをつけた煮物。

かるかん
校区でとれたヤマノイモでつくった、あまいデザート。

ご飯
宮津市でとれた、コシヒカリ。

*梵字……むかし、インドでつくられた文字のこと。当時インドから伝わった経典《きょうてん》などはこの文字で書かれていた。

京都府で有名な特産物

宇治茶《うじちゃ》

宇治茶は京都府南部の宇治市のまわりでとれるお茶のこと。栽培《さいばい》がはじまったのは鎌倉《かまくら》時代。僧侶《そうりょ》が中国からもち帰ってきた種を、この地で植えたのがはじまりといわれている。年間1500mm以上の雨がふり、水はけのよい小高い斜面《しゃめん》がある京都南部は、茶の栽培に適している。また、宇治では昼夜の気温差で霧《きり》が発生しやすい。霧は、霜《しも》による害をふせぐはたらきをするため、春先《はるさき》の寒さによる霜に弱い茶の新芽をまもる。

5〜6月に手摘《てつ》みで新芽を収穫《しゅうかく》する。

茶葉を蒸《む》して乾燥《かんそう》させ、石臼《いしうす》でひいてつくる抹茶《まっちゃ》。

西京味噌《さいきょうみそ》

西京味噌は、米のこうじをたくさんつかってつくるあまくちでうす味の白みそのこと。明治維新《めいじいしん》によって都が江《え》戸《ど》にうつったとき、「東京《とうきょう》」に対して京都を「西京」とよんだ時期があった。そのときに京都でつくられる白みそを「西京味噌」とよぶようになった。みそ汁《しる》につかわれるほか、関西《かんさい》のお正月の雑煮《ぞうに》には欠かせない。また、魚や肉をつけこんだり、菓子《かし》につかわれたりもする。

京菓子《きょうがし》

京菓子は、京都でつくられる和菓子のこと。京都では平安《へいあん》時代から1000年以上も貴族《きぞく》社会がつづき、神社や寺も多く、儀《ぎ》式《しき》や行事につかわれるおそなえもの用に献上《けんじょう》菓子がつくられてきた。代表的なものに色のきれいな細工ようかんや、桃色をした白みそ風味のあんとゴボウを求肥《ぎゅうひ》で包んだ花びらもち、食べるもちを笹の葉で包んで蒸《む》したちまきなどがある。

季節によって色がかわる細工ようかん。

1月に食べる花びらもち。

ちまきは5月の端午《たんご》の節句《せっく》に食べる。

生麩《なまふ》

生麩は、練った小麦粉からデンプン質を洗《あら》い流し、取り出した生《なま》グルテン（タンパク質）にもち粉などをくわえ、蒸《む》したりゆでたりしたもの。汁物《しるもの》の具や煮物《にもの》にして食べる。寺の多い京都で、僧侶のタンパク源《げん》として食べられてきた。生麩であんをくるんだ精進《しょうじん》料理からはじまった麩まんじゅうは、いまでは生麩とともに京都の名物になった。

京漬物《きょうつけもの》

京漬物は、京都を代表するいろいろな野菜の漬物をいう。カブをうすく切って赤トウガラシやコンブを入れて漬《つ》けた「千《せん》枚漬《まいづけ》」、ナスやキュウリをシソの葉と塩で漬けた「しば漬」、すぐき菜《な》をたるに漬けて発酵《はっこう》させた「すぐき漬」など。これらの漬物は夏はむし暑く、冬は寒い京都盆地《ぼんち》の気候がうんだ野菜を、冬も食べつづけるために工夫《くふう》された保存食《ほぞんしょく》だ。

すぐき漬

しば漬（上）と千枚漬（下）。

奈良県《ならけん》

奈良県は、紀伊《きい》半島のまんなかにある海のない県です。吉野川《よしのがわ》が東西に流れ、その北と南の地域《ちいき》に分けられます。北部の奈良盆地《ぼんち》のまわりはなだらかな山地ですが、南部は紀伊山地のけわしい山がつらなっています。山あいでとれるイノシシを使った鍋料理《なべりょうり》や、奈良に都《みやこ》があったむかしから、寺の人たちや貴族《きぞく》のあいだで食べられた料理が現在まで残っています。

これからも伝えていきたい
郷土料理《きょうどりょうり》

シシ鍋《なべ》（シシ汁《じる》）

イノシシの肉を使った鍋料理。「シシ」はイノシシのこと。肉にくさみがあるので、ゴボウ、シュンギクなどかおりの強い野菜を使い、みそ味で煮《に》る。むかしの日本では動物の肉はあまり食べなかったが、イノシシの肉は「山鯨《やまくじら》」ともよび、古くから食べられてきた。

茶飯《ちゃめし》

ほうじ茶やせん茶を入れて塩で味つけし、その茶で米と大豆《だいず》をたいたごはん。クリやクロマメなどを入れることもある。もとは東大寺《とうだいじ》などの寺で食べられていた料理だが、江戸《えど》時代に一般の人びとに広まったという。茶は奈良《なら》時代に中国から伝わり、薬としても飲まれていた。

飛鳥鍋《あすかなべ》

とり肉、豆腐《とうふ》、野菜などを、牛乳《ぎゅうにゅう》を入れたスープで煮る料理。飛鳥《あすか》時代に中国からやってきたお坊《ぼう》さんが、寒さをしのぐため、ヤギの乳《ちち》を使ってつくった鍋料理が最初といわれている。明日香《あすか》地方の家庭料理として長く親しまれてきた。

人と風土が守り育てた 伝統野菜《でんとうやさい》

大和真菜《やまとまな》

産地 奈良市・大和郡山市《やまとこおりやま》・大和高田市《やまとたかだ》・五條市《ごじょう》・宇陀市《うだ》

日本でもっとも古い野菜の一つ。奈良時代はじめに中国から伝わった。もとはあかりをともす油をとるために栽培《さいばい》されていたが、煮物や漬物《つけもの》にして食べられるようになった。

大和すいか《やまと》

産地 天理市《てんり》・桜井市《さくらい》・田原本町《たわらもと》・大和郡山市

スイカは雨が少ない大和地方でもできるので、古くから栽培されてきた。江戸《え》時代に神社におさめられた絵馬《えま》にも、スイカが売られるようすがえがかれている。

大和いも《やまと》

産地 御所市《ごせ》

ヤマノイモの一種で、皮が黒く球形をしている。葛城山《かつらぎさん》の南側のねん土のような土が栽培に適していて、江戸時代からつくられてきた。ねばりが強く、すりおろしても色がかわりにくい。

奈良県《ならけん》

古い時代に都がおかれた奈良県には、歴史の長い食べものが多くあります。きれいな水と冷たい空気のもとでおいしいカキの実がとれるほか、吉野《よしの》の葛粉《くずこ》も有名。三輪《みわ》地方ではそうめんがうまれ、チーズもつくられました。

地域《ちいき》に受けつがれてきた行事食

のっぺ煮《に》　おん祭《まつり》

のっぺ煮は、ダイコン・ニンジン・ゴボウ・サトイモに油あげを入れた具だくさんの煮物。サトイモが煮えて、自然にとろみがつくまで煮こむ。春日大社若宮《かすがたいしゃわかみや》で、奈良の一年の祭りのしめくくりである「おん祭」の日（12月中旬《ちゅうじゅん》）につくられる。平安《へいあん》時代のむかしから、この日にのっぺ煮をつくって、地方から都にきている人にふるまったという。平安時代末期の1136年に豊作を願ってはじめられてから、一度も休むことなくつづけられている。

柿《かき》なます　正月

柿なますは、千切りにしたニンジンとダイコンに、きざんだ干《ほ》し柿を入れた酢《す》の物。吉野川《よしのがわ》の南にひろがるけわしい斜面《しゃめん》は昼夜の寒暖《かんだん》の差がはげしく、カキがよく実る。干し柿にして、渋《しぶ》みをぬいたカキを酢の物に入れたのは、砂《さ》糖《とう》が貴《き》重《ちょう》だったむかし、カキのあまみを砂糖のかわりにしたためだという。色がきれいな紅白《こうはく》の柿なますは、奈良の正月には欠かせない料理となっている。

七色《なないろ》お和《あ》え　お盆《ぼん》

七色お和えは、奈良のお盆のときにつくられる、野菜をつかったあえもの。７種類の旬《しゅん》の野菜をゆでてきざんだものを、ごまとみそをまぜたたれであえる。肉をつかわない精進《しょうじん》料理で、夏の暑さがきびしくなる時期にたくさんの野菜をとれるように、工夫《くふう》された料理だといわれる。

こんなのもあるよ！
・奈良県の給食・

奈良市立鼓阪《つざか》小学校
（奈良県奈良市雑司《ぞうし》町）

奈良のっぺ
サトイモ、ダイコン、ニンジンなどをコンブやシイタケのだし汁《じる》、しょうゆで味つけをした煮物。12月におこなわれる奈良・春日大社若宮の「おん祭」に食べられる郷土《きょうど》料理。

麦ご飯

イワシのかんろ煮
かんろ煮にごまをまぶした。

牛乳

にゅうめん
県特産の三輪《みわ》そうめんをつかった、あたたかい汁そうめん。

奈良県で有名な特産物

三輪《みわ》そうめん

三輪そうめんは、桜井《さくらい》市を中心とした三輪地方でつくられているそうめんで、こしがあり、煮《に》くずれしにくく、歯ごたえがある。そうめん発祥《はっしょう》の地といわれるこの地域《ちいき》では、1200年前から小麦の栽培《さいばい》がさかんだった。小麦粉と塩をねり、手でのばす手法《しゅほう》（手のべ）は、中国から伝わった。冬は気温が低く雨が少ない三輪地方は手のべそうめんの生産に適している。

外気で干《ほ》される三輪そうめん。

葛粉《くずこ》

クズは山や野にはえる植物で、秋の七草《ななくさ》の一つにも数えられる。葛粉はその根からとれるデンプンのこと。料理のとろみづけにつかえば、料理が冷《さ》めにくくなる。また、冷やせばかたまることから和菓子《わがし》や洋菓子にもつかわれる。

葛をつかった美しい干菓子《ひがし》も人気。

奈良漬《ならづけ》

奈良漬は、白ウリ、キュウリ、ダイコンなどの野菜を塩《しお》漬《づ》けにして水分をだし、その後、砂糖《さとう》をまぜた酒かすに何回か漬けこみなおして、熟成《じゅくせい》させてつくる漬物のこと。奈良漬の歴史は古く、約1300年前の奈良時代の遺跡《いせき》から、「粕漬瓜《かすづけうり》」と書かれている木簡《もっかん》（むかしは紙のかわりに木をつかった）が発見された。むかしは貴族《きぞく》が食べる高級な食べものだった。

蘇《そ》（古代菓子《こだいがし》）

蘇は、大むかしの日本でつくられたチーズのこと。牛乳をゆっくりと煮つめ、型に入れてかためてつくった。仏《ぶっ》教《きょう》といっしょに中国から伝わり、聖徳太子《しょうとくたいし》も食べたといわれている。当時は、王族や貴族しか食べることができない高級な食べもので、食べると元気になるといわれていた。

ほんのり甘いケーキのよう。

香《かお》りごぼう

葛城山《かつらぎさん》のふもとの扇状地《せんじょうち》で春に収穫《しゅうかく》される。秋冬にとれるゴボウにくらべて短く、やわらかくてかおりがよいので「香りごぼう」とよばれる。きんぴらや天ぷらにして食べる。最近、地元の農作物として見直され、栽培量がだんだんふえはじめた。

葛城山のふもとにひろがる香りごぼう畑。

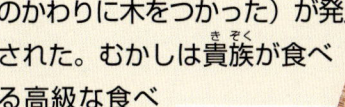

和歌山県《わかやまけん》

和歌山県は、紀伊《きい》半島の南西側にあり、太平洋《たいへいよう》に面しています。クジラやウツボなど、いろいろな海の食材がふだんの料理に使われてきました。一年を通して気候は温暖《おんだん》です。平地は少なく、山の斜面《しゃめん》などを利用して、ミカンやウメ、カキなど果物《くだもの》の栽培《さいばい》がさかんです。また、森林も多く、山仕事の中でうまれた「めはりずし」は家庭の味として親しまれています。

［凡例］
郷土料理　伝統野菜
行事食　特産物
※❶～❿については『資料編』46ページで解説《かいせつ》しています

和歌山だいこん

産地 和歌山市周辺

漬物《つけもの》にする白首《しろくび》ダイコン。江戸《えど》時代の中ごろ、江戸から種《たね》をもちかえって栽培したのがはじまり。大正《たいしょう》時代に品種改良され、「和歌山だいこん」の名がついた。

ししとうがらし

産地 有田川町《ありだがわちょう》・日高川町《ひだかがわちょう》

有田地域《ありだちいき》ではししとうがらしが大正時代から栽培されてきた。昼と夜で温度差が大きい高地の気候が味をよくするという。ピーマンの仲間《なかま》なので、からくはない。

うすいえんどう

産地 日高《ひだか》地方

大正時代にあたたかい気候の日高地方で栽培されるようになった。豆《まめ》ごはんなどにする。ウスイの名は、最初にアメリカからこのエンドウマメが伝わった大阪の地名「碓井《うすい》」から。

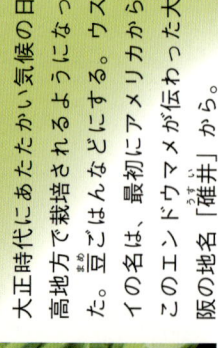

人と風土が守り育てた 伝統《でんとう》野菜《やさい》

これからも伝えていきたい 郷土料理《きょうどりょうり》

鯨《くじら》の竜田揚《たつたあ》げ

竜田揚げは、しょうゆなどで味をつけた肉や魚に、かたくり粉《こ》をつけて油で揚げる料理。太地町《たいじ》では古くからクジラ漁《りょう》がさかんで、クジラがよく食べられてきた。クジラ漁はむかしは、和歌山、高知、長崎などでさかんだった。いまは太地町のほか、宮城県、千葉県などで行われている。

めはりずし

高菜漬《たかなづ》けの葉で、ごはんをつつんだもの。「すし」といっても酢《す》めしではなく、白ごはんを使う。熊《くま》野地方では、山仕事や畑仕事の弁当《べんとう》だった。とても大きいので、「食べるときに目をみはって大きな口をあける」ことから、または「目をみはるほどおいしい」ことからついた名前という。

ウツボ料理

ウツボはするどい歯をもつ魚だが、身は白身《しろみ》でおいしい。刺身《さしみ》や鍋《なべ》もの、から揚げなどのほか、干《ほ》したウツボを佃煮《つくだに》のように煮《に》た小明石煮《こあかしに》などが有名。ウツボを漁港《ぎょこう》で干しているようすは、和歌山県南部の冬の風景である。ウツボ料理は、高知県や長崎県などでも親しまれている。

和歌山県《わかやまけん》

和歌山県は果物《くだもの》の栽培《さいばい》がさかんなところで、ウメとカキの生産量は全国一です。ミカンやスモモ、キウイフルーツもたくさんとれます。漁業では、タチウオの水揚《みずあ》げ量が日本一で、マグロやカツオ、ハモもとれます。

地域《ちいき》に受けつがれてきた行事食

クエ料理　クエ祭り

クエはスズキのなかまで、大型で高級な海の魚。天然《てんねん》のクエがとれる日高《ひだか》町では毎年秋、豊漁を願って白鬚《しらひげ》神社で「クエ祭り」をおこなう。祭りでは、１mをこえる干《ほ》した大きなクエを男の人たちが神輿《みこし》のようにかついで町をねり歩く。とれたてのクエを神にそなえてから、祭りに参加した人で刺身《さしみ》や鍋《なべ》料理にして食べる。

さんまずし　正月・祝いごと

酢《す》めしの上に、軽く塩漬《しおづ》けしたサンマをのせた押《お》しずし。頭をつけたままのサンマをつかい、かおりづけに和歌山の名産であるユズなどがそえられる。志摩《しま》半島から熊野灘沿《くまのなだえん》岸《がん》にかけて食べられている郷土《きょうど》料理で、正月や祝いごとに欠かせない料理となっている。

サバの早ずし　秋祭り

紀《き》州《しゅう》は祭りが多く、むかしから祭りにはかならずすしがつくられてきた。むかしは生魚《なまざかな》の上にご飯をかぶせ、数週間かけて発酵《はっこう》させたなれずしがつくられていたが、最近では酢めしと魚をアセという竹のなかまの植物の葉で包み、一晩重石《ひとばんおもし》をしてつくる「早ずし」が多い。とくにサバの早ずしは、秋祭りに食べられることが多い。

こんなのもあるよ！

和歌山県の給食

和歌山県紀《き》の川《かわ》市名手《なて》小学校
（和歌山県紀の川市名手西野《にしの》）

野菜のナムル
ニンジンやモヤシ、キュウリをゆでて、あまずっぱく味つけをしたもの。つかわれているニンジンは地元でとれたもの。

ご飯
地元でとれたお米をたいたご飯。

麻婆《まーぼー》大根
学校の3・4年生が育てたダイコンをつかったメニュー。いっしょにつかわれているニンジンや京ネギも、地元でとれたもの。

和歌山県で有名な特産物

梅・梅干《うめぼ》し

日本一

和歌山県は国産の梅の６割《わり》を生産する、日本一の梅の産地。なかでも日高《ひだか》郡のみなべ町で生まれた「南高梅《なんこううめ》」は実が大きくてやわらかいことで有名で、和歌山県でとれる梅の代表格だ。おもに梅干しにされる。

南高梅の実は赤みがさすまで木の上で完熟《かんじゅく》させる。

ミカン

「果樹《かじゅ》王国」といわれる和歌山では、果物《くだもの》の栽培《さいばい》がとてもさかん。ハッサクは生産量日本一、ミカンやネーブルオレンジ、伊予柑《いよかん》の生産量も多く、全国でも有数のミカン類の産地。和歌山県の海に面した地域《ちいき》では年間の平均気温が15度以上あり、夏の日照《にっしょう》時間が長いので、ミカンがよく育つ。

和歌山を代表する有田《ありだ》みかん。

ハウス栽培によるあまいミカンも人気。

クジラ

大むかしから太地《たいじ》町ではクジラ漁をおこなってきた。沖《おき》を流れる黒潮《くろしお》にのってきたクジラが、海底の地形のせいで沿岸《えんがん》に近づいてくることが多いためだ。1980年代から漁獲《ぎょかく》頭数が制限《せいげん》されるようになったが、太地町ではいまも、規制の範囲内《はんいない》で捕鯨《ほげい》がつづいている。竜田揚《たつたあ》げや煮物《にもの》にして食べられるほか、缶詰《かんづめ》にもされる。

クジラ料理の専門《せんもん》レストランができるほど、料理の種類が多い。

ごま豆腐《どうふ》

ごまをすりつぶして出るごま油と、葛粉《くずこ》（クズの根からとれるデンプン）をまぜて水でとき、なめらかになるようにこして、火にかけてねったものを豆腐の形にかためてつくる。しょうゆなどをかけて食べる。砂糖《さとう》やだしで味をつけることもある。むかしから高野山《こうやさん》には、おおぜいの僧《そう》たちがすんでいて、肉を食べるのを禁じられた僧たちのために考えられた精進《しょうじん》料理のひとつ。

しょうゆ

しょうゆは、蒸《む》した大豆《だいず》と炒《い》った小麦に、こうじと塩水をくわえて発酵《はっこう》させてつくる。鎌倉《かまくら》時代の湯浅《ゆあさ》町でみそをたるに入れて発酵させているとき、みそだるからこい色の液体がたれているのが見つかった。それをなめたところ、とてもおいしく、料理につかえることがわかった。これが日本のしょうゆのはじまりだと伝わっている。最近、時間をかけて熟成《じゅくせい》させるむかしながらのつくり方で、しょうゆをつくるしょうゆ屋が湯浅でふえている。

ひと桶《おけ》で一升《いっしょう》びん3000本分がとれる。

大阪府《おおさかふ》

大阪は、西側に大阪湾《おおさかわん》があり、海にそって大阪平野が広がっています。江戸《えど》時代の大阪は「天下《てんか》の台所」とよばれて全国各地の産物が集まり、さまざまな料理がうまれました。財産《ざいさん》をへらしてたおれるほど食べることに対してお金をおしまないことのたとえで、大阪は「くいだおれの町」とよばれてきました。また、船場汁《せんばじる》のように、食材をむだなく使う知恵《ちえ》も料理の中にいきています。

人と風土が守り育てた 伝統野菜《でんとうやさい》

毛馬《けま》きゅうり

産地 大阪市・河南町《かなん》・千早赤阪村《ちはやあかさか》・河内長野市《かわちながの》

江戸時代の終わりから、いまの大阪市都島区《みやこじま》毛馬町あたりで栽培《さいばい》されていた。いちど栽培がとだえたが、平成10年に65年ぶりに復活《ふっかつ》した。約30cmと長く、奈良《なら》漬けなどにする。

これからも伝えていきたい 郷土料理《きょうどりょうり》

きつねうどん

あまからく煮《に》た油あげをのせたうどん。うどん屋がいなりずしの油あげを客に出し、その客が油あげをうどんにのせて食べたのがはじまりという。油あげはキツネの好物《こうぶつ》だといわれるため、この名がついたという。キツネは商売《しょうばい》の神様とされており、商人《しょうにん》の多いまち大阪で親しまれてきた。

箱寿司《はこずし》

四角い木のわくに入れてつくるので、箱寿司という。木のわくに酢《す》めしを入れて、小ダイ、サバ、エビなどの材料をならべ、上からふたで押《お》してかためる。焼きアナゴ、厚《あつ》焼きたまごをのせるものなどいろいろ種類《しゅるい》がある。押し寿司、大阪寿司ともいう。江戸時代の終わりごろから流行し、広まった。

船場汁《せんばじる》

塩サバの頭や骨《ほね》などとダイコンを煮た料理。汁が多いものを船場汁、少ないものを船場煮《に》といい、身を食べたあとの骨までむだなく使う料理である。江戸時代からむだをきらう商人の家でつくられてきた。船場は大阪市のまんなかあたりにある地名で、大きな商人の家がならんでいた。

泉州黄《せんしゅうき》タマネギ

産地 岸和田《きしわだ》市・田尻《たじり》町など

大阪府の南部の泉州地域《ちいき》で明治《めいじ》時代に米の裏作として栽培がはじまった。「吉見早生《よしみわせ》」「今井早生《いまいわせ》」などの種類があり、あまくてやわらかいのが特徴《とくちょう》。

天王寺蕪《てんのうじかぶら》

産地 大阪市・堺《さかい》市・河南町・千早赤阪村

江戸時代に、いまの大阪市天王寺区あたりでつくられていたカブ。根もとが地上に出るので「うきかぶ」ともよぶ。実はやわらかい。長野県の野沢菜《のざわな》のもとになったともいわれる。

大阪府《おおさかふ》

大阪府では、全国生産量第1位のシュンギクのほか、フキやミツバといった野菜の生産がさかんです。むかしから全国の食材があつまった土地であったため、豊富な種類の料理がつくられてきました。

地域《ちいき》に受けつがれてきた行事食

ハモ料理　天神祭《てんじんまつり》

ハモはウナギのなかまで、夏に大阪湾《わん》でとれる。むかしから大阪では、夏におこなわれる天神祭のときに、暑さに負けないようハモが食べられてきた。湯引き（さっと熱湯《ねっとう》をくぐらせること）し、からし酢《す》みそをつけたり、梅干《うめぼ》しの果肉といっしょに食べたり、蒲焼《かばや》きや天ぷらにして食べる。

恵方巻《えほうまき》　節分《せつぶん》

大阪には、節分にその年の恵方（幸せをつかさどる神様がいる方向）を向いて太巻《ふとま》きずしを食べる風習がある。この太巻きずしを「恵方巻」とよんでいる。すしの中には、七福神《しちふくじん》にちなんで、かんぴょうやきゅうりなど、7種類の具を入れてまく。明治《めいじ》時代のはじめに大阪の商人が商売繁盛《はんじょう》を願ってはじめたという。

ワタリガニ料理　岸和田《きしわだ》だんじり祭

こうらの大きさが15cmほどのワタリガニは、波の静かな湾《わん》の浅いところにすむ。むかし、だんじり（山《だ》車《し》）をつくった淡路島《あわじしま》の職人が祭りを見にきたとき、ワタリガニをみやげにもってきたのが、だんじり祭でワタリガニを食べるようになったはじまりだといわれる。塩ゆでにして食べるほか、みそ汁《しる》などにも入れる。

こんなのもあるよ！

・大阪府の給食・

高槻《たかつき》市内の小学校
（大阪府高槻市）

ご飯

100％高槻産のヒノヒカリ米をたいたご飯。そぼろをまぜたり、焼きのりでまいたりして食べる。

そぼろ

牛ひき肉にニンジンやショウガ、コーン、サヤインゲンをまぜて、しょうゆとみりんで味をつけたそぼろ。ご飯にまぜて食べる。

みそ汁

高槻産のジャガイモ、タマネギ、干《ほ》しシイタケをつかったみそ汁。ほかにも小松菜やニンジンが入っていて具だくさん。

大阪府で有名な特産物

水ナス

ふつうのナスよりも形が丸く、手でしぼると水がしたたるほど水分の多いことから「水ナス」とよばれるナス。苦《にが》みやしぶみがないので、生《なま》のままでも食べられる全国でもめずらしいナス。生で食べるほか、浅漬《あさづ》けなどの漬《つけ》物《もの》にされる。水ナスの漬物は、手でさいて食べる。

塩昆布《しおこんぶ》

コンブがやわらかくたきあがる量の砂糖《さとう》としょうゆで煮《に》てつくる。むかしから大阪で食べられてきたおかずで、おもに北海道《ほっかいどう》産のコンブがつかわれる。江戸《えど》時代、北海道でとれたコンブが大量に北前船《きたまえぶね》（→東日本編p7）で大阪へ運ばれるようになって、大阪の特産になった。

くるみ餅《もち》

米の粉に砂糖や水を入れてねり、熱湯《ねっとう》でゆでてつくるもちを、枝豆をついてつくった緑色のあんでくるんだもち菓子《がし》。クルミをつかうからではなく、あんで「くるむ」ことから、「くるみ餅」とよばれる。堺《さかい》市のあたりでは、むかしから家庭でつくられ、したしまれてきた。

人気の大阪名物にもなっている。

バッテラ

酢漬《すづ》けにしたサバを酢めしにのせてつくる押《お》しずし。一番上に半透明《はんとうめい》のコンブをのせる。明治《めいじ》時代、大阪のすし屋がコノシロ（ニシンのなかま）で押しずしをつくったのがはじまりといわれる。そのときのすしの形が小舟《こぶね》に似ていたので、ポルトガル語で小舟を意味する「バッテイラ」と名づけられ、バッテラとよばれるようになった。

たこ焼き・お好み焼き

水をくわえた小麦粉の生地《きじ》のなかにタコの身を入れ、直径3cmほどの球状に焼いたもの。ソースや青のり、かつお節《ぶし》をのせて食べられることが多い。昭和《しょうわ》時代にうまれてから、一口で食べられる手軽さで、いまでは軽食として定着。タコを入れるのは、となりの兵庫《ひょうご》県からタコが大量に手に入るためといわれている。同じように小麦粉をつかうお好み焼きとならんで、大阪の名物となっている。

なかに入れる具によって、いろいろな種類ができるお好み焼きと、たこ焼き。

兵庫県《ひょうごけん》

兵庫県は、北が日本海《にほんかい》に、南が瀬戸内海《せとないかい》に面しています。北部は中国山地の山々が広がり、南部は東が六甲《ろっこう》山地、西が播磨《はりま》平野になっています。明石海峡《あかしかいきょう》をはさんで瀬戸内海最大の島、淡路島《あわじしま》があります。北部の冬は雪が多く、きびしい寒さですが、南部は降水量《こうすいりょう》が少なく、比較的温暖《ひかくてきおんだん》です。瀬戸内海でとれるタコや魚を使った料理が有名《ゆうめい》です。

［凡例］
郷土料理　伝統野菜
行事食　特産物
※❶〜❿については『資料編』47ページで解説《かいせつ》しています

これからも伝えていきたい
郷土料理《きょうどりょうり》

人と風土《ふうど》が守り育てた 伝統野菜《でんとうやさい》

岩津《いわつ》ねぎ

産地 朝来《あさご》市岩津地区

白ネギと青ネギの両方《りょうほう》の特徴《とくちょう》をもつ。白ネギのような形であまみがあり、青ネギのように葉までやわらかい。寒さに強く、江戸《えど》時代から、冬の野菜としてつくられている。

丹波《たんば》やまのいも

産地 篠山《ささやま》市

昼と夜の温度差が大きく、霧《きり》が多い篠山周辺のねん土《ど》質の土地で、むかしからつくられている。すりおろしたときのねばりがたいへん強く、高級和菓子《わがし》の材料にも使われる。

武庫一寸《むこいっすん》そらまめ

産地 尼崎《あまがさき》市

昭和《しょうわ》のはじめまで、尼崎市の武庫《むこ》地区でつくられ、サヤの中に2～3つぶができ、ひとつぶが一寸《すん》（約3cm）と大きいことから、名づけられた。市内の富松《とまつ》地区でいまもつくられている。

明石焼《あかしや》き（玉子《たまご》焼き）

大正《たいしょう》時代に、名産のタコを使い明石地方の屋台《やたい》でつくられはじめた。その評判《ひょうばん》が伝わり、大阪でたこ焼きがつくられるようになった。小麦粉《こむぎこ》、だし汁《じる》、たまごをまぜた生地《きじ》にタコを加え丸く焼く。ソースは使わず、だし汁につけて食べる。地元では「玉子焼き」とよばれる。

出石《いずし》そば

白い小皿《こざら》5枚《まい》に少しずつそばを盛るので「皿《さら》そば」ともいう。江戸時代、信州《しんしゅう》（いまの長野県あたり）の上田《うえだ》からうつり住んだ殿様《とのさま》がつれてきたそば職人《しょくにん》につくらせたのがはじまり。そばつゆには、とろろ、ネギ、大根おろし、ワサビを入れるほか、つゆにたまご1個《こ》をといてつける食べ方もある。

いかなごのくぎ煮《に》

瀬戸内海でとれるイカナゴを、しょうゆと砂糖《さとう》、みりん、ショウガで煮《に》てつくる佃煮《つくだに》。できあがると、イカナゴの形が古いくぎがさびて折《お》れ曲がった形に似ているので「くぎ煮」とよばれる。イカナゴがとれるのは春のはじめで、新鮮《しんせん》なものでないと「く」の字に曲がらない。

兵庫県《ひょうごけん》

多様な自然環境《かんきょう》を有する兵庫県では、土地の特徴《とくちょう》を生かしていろいろな種類の野菜や、果物《くだもの》がつくられています。丹波篠山《たんばささやま》地方の黒豆はよく知られています。明石《あかし》近海でとれるマダコは漁獲量《ぎょかくりょう》日本一、タイも有名です。

地域《ちいき》に受けつがれてきた行事食

鯛《たい》そうめん　冠婚葬祭《かんこんそうさい》

瀬《せ》戸内海《とないかい》の明石海峡《かいきょう》で一年を通してとれるタイと、揖保川《いぼがわ》の水で小麦粉をねってつくったそうめんを組み合わせた赤穂《あこう》の郷土《きょうど》料理。地元でとれた尾頭《おかしら》つきの焼いたタイを、赤穂の塩のうまみのきいただしに入ったそうめんの上にのせて食べる、たいへんぜいたくな料理。尾頭つきのタイは縁起《えんぎ》がよいとされているので、祝いごとがあるときにつくられる。

焼きアナゴ雑煮《ぞうに》　正月

アナゴはウナギのなかまで、浅い海のどろのなかにすむ、細長い魚。明石から姫路《ひめじ》にかけた瀬戸内海沿岸《えんがん》でとれるアナゴは、兵庫県南部でよく食べられている。正月には、油あげやニンジン、ネギなどを入れたしょうゆ味の雑煮に、焼いたアナゴの切り身を入れる。アナゴがこうばしく、身から出るうまみがだしになる。

すりやき　薬師祭《やくしまつり》

7月8日に城崎《きのさき》温泉の温泉寺でおこなわれる薬師祭のときにつくられるもち菓子《がし》。薬師如来《やくしにょらい》（病気を治《なお》してくれるといわれる仏様《ほとけ》）の仏像《ぶつぞう》にそなえたあと、祭りに集まった人たちで食べる。夏の前に収穫《しゅうかく》できるそら豆であんをつくり、そのあんをもちで包む。日持ちするようにミョウガの葉で、もちをひとつずつ包む。

こんなのもあるよ！

・兵庫県の給食・

赤穂市内の小中学校
（兵庫県赤穂市）

あつあげのふくめ煮
地元産サクラエビの煮干《にぼし》からとっただしで、地元でできたあつあげ、兵庫県産のとり肉などを煮あわせたもの。

牛乳　兵庫県産の牛乳。

かきあげ
野菜たっぷりのかきあげ。つかわれているタマネギ、サツマイモ、チリメンジャコ、カボチャ、ミツバ、小麦は地元でとれたもの。

いなか汁
地元産のジャガイモ、ナス、タマネギをサクラエビのだしで煮《に》た、みそ味の汁。

赤穂みかん
地元産のミカン。

ご飯
地元でとれた米をたいたご飯。

味つけのり
地元でつくられているのり。

兵庫県で有名な特産物

神戸《こうべ》ビーフ

黒毛和牛*のなかでも、とくにきびしい検査に合格した最高級の肉をさす。赤身に脂肪《しぼう》が細かい網《あみ》の目のように入った「霜降《しもふ》り」の肉で、味のよさは海外でもよく知られている。

*和牛のなかでも、黒毛和牛は肉質がいちばんよいとされており、全国の和牛の9割《わり》が黒毛和牛だ。

タイ

瀬戸内海沿岸《せとないかいえんがん》の港では、多くの種類の魚介類《ぎょかいるい》が水揚《みずあ》げされるが、なかでも明石《あかし》でとれるタイは「明石鯛」とよばれて、高級食材になっている。明石海峡《かいきょう》の流れのはやい海流で育つため、身がしまっている。

豪華《ごうか》な鯛めしは、瀬戸《せと》内《うち》ならではの一品。

マダコ

日本一

明石近海でとれるタコは「明石ダコ」とよばれる。エサが豊富で、潮《しお》の流れがはやい明石海峡でもまれて育つことから、肉が厚いことが特徴《とくちょう》。とくに6～7月ごろにとれるものは、肉がやわらかくおいしい。兵庫県はマダコの漁獲量《ぎょかくりょう》では日本一。

日持ちする干物《ひもの》にも加工される。

黒豆

黒豆は黒い大豆《だいず》で、全国でつくられているが、篠山《ささやま》でつくられている黒豆だけを特別に「丹波黒《たんばぐろ》」とよぶ。丹波黒は大粒《おおつぶ》で、煮《に》ても形がくずれにくいため、正月などに煮豆《まめ》にして食べる。菓子《かし》の材料にもつかわれる。

しょうゆ

揖保《いぼ》川の中流域《ちゅうりゅういき》にある龍野《たつの》では、むかしからそうめんのほかに、しょうゆもつくってきた。なかでも、そうめんのつけ汁《じる》をつくるのによくつかわれる「うすくちしょうゆ」が有名だ。うすくちしょうゆは、ふつうのしょうゆにくらべて色がうすく、塩味がこい。料理の色をうすくしあげたいときなどにつかわれる。

色はうすいが、塩味はこい。

近畿

岡山県《おかやまけん》

岡山県には、北部に中国《ちゅうごく》山地や盆地《ぼんち》、中部に吉備《きび》高原《こうげん》、南部に岡山平野があります。北部は雪がふりますが、岡山県は１年を通してあたたかいところが多いので、野菜やモモやブドウなどの果物《くだもの》づくりがさかんです。中国地方でもっとも広い平野の岡山平野では、米も多くつくられています。季節ごとに手に入る魚を使った、むかしながらのすしにもさまざまなものがあります。

これからも伝えていきたい 郷土料理《きょうどりょうり》

どどめせ

あたたかい炊《た》きこみごはんに、酢《す》を入れてつくる「炊《た》きこみずし」。岡山の名物「ばらずし」のもととなった料理。すっぱくなったどぶろく（酒）が弁当《べんとう》にかかり、その味がよかったことがはじまり。「どぶろくめし」がなまって「どどめせ」とよぶようになったという。

鯛《たい》の浜焼《はまや》き

瀬戸内海《せとないかい》のタイを使った名物料理。江戸《えど》時代、塩をつくっていた人たちが、魚を熱《あつ》い塩にうめて、それを竹の笠《かさ》に入れて持ちかえったのがはじまり。わらでつつんだタイをむし焼きにする。笠にはさむかたちが、いまものこり、祝いごとのおくり物として使われることも多い。

人と風土が守り育てた

伝統野菜《でんとうやさい》

備前黒皮《びぜんくろかわ》かぼちゃ

産地 瀬戸内《せとうち》市牛窓《うしまど》地区

「備前」は岡山県南東部のむかしのよび名。牛窓地区で昭和《しょうわ》のはじめからつくられている。料理したときの色と形がよく、日本料理に欠かせないカボチャとなっている。

衣川《きぬがわ》なす

産地 倉敷《くらしき》市児島《こじま》地区

200～300gの大きさに育つたまご形のナス。瀬戸内海に面した児島地区で、明治《めいじ》時代からつくられてきた。やわらかく皮が絹《きぬ》のようにうすいことから「絹なす」ともいわれる。

万善《まんぜん》かぶら

産地 美作《みまさか》市

日本に古くからあるカブ。美作市万善の地名から名がついた。江戸《えど》時代、「おかね」という女の人が酢漬《すづけ》をつくり、殿様《とのさま》からほうびをもらったため「おかねかぶら」ともいう。

サバずし

むかし、海からはなれた地域《ちいき》では生《なま》の魚が手に入りにくかった。魚のなかでも、くさりやすいサバは、塩に漬《つ》けてくさりにくくした塩サバとして、中国山地をこえて運ばれてきた。酢《す》につけた塩サバと酢めしを箱につめてつくる。サバずしは、県の中北部の秋祭りに、欠かせない料理としてつくられてきた。

岡山県《おかやまけん》

温暖《おんだん》な気候にめぐまれ、むかしから農業がさかんな岡山県ですが、とくにブドウとモモの生産量が多いことでよく知られています。瀬戸内海沿岸《せとないかいえんがん》では、カキやノリなどの養殖《ようしょく》がさかんです。

地域《ちいき》に受けつがれてきた行事食

岡山ずし　正月・結婚式《けっこんしき》・祝いごと

岡山のすしは、すしめしの上に具材をのせた「ばらずし」で、正月や結婚式など、祝いごとがあるときにつくられる。地元では「まつりずし」とよばれる。大皿に盛った、少しかためにたきあげたすしめしの上に、錦糸《きんし》たまご、レンコン、ゴボウ、かんぴょう、シイタケ、エビ、イカ、ママカリ、アナゴ、酢《す》でしめたサワラをのせる。岡山ずしはむかし、ぜいたくをしないで食事の皿数をへらすようにという命令が殿様《とのさま》から出されたとき、皿数が少なくても祝いごとは豪《ごう》勢《せい》にやりたい、という村民の願いからうまれたという。

こけら寿司《ずし》　秋祭り

こけら寿司は、鳥取県《とっとりけん》との県境にある蒜山《ひるぜん》地域の真《ま》庭《にわ》市蒜山下和《ひるぜんしたお》地区に伝わる秋祭りの行事食。ひとにぎりのすしめしの上に、酢《す》でしめたサバを一切れのせ、それをを笹《ささ》の葉で包む。すしの形がおので木をけずったときにでる、木くずの「こけら」に似ているところから、この名前がついた。

けんびき焼き　田植え

けんびき焼きは、小麦粉を水でねった生地《きじ》に小豆《あずき》のあんを入れ、ミョウガの葉でくるんで焼いたもの。岡山県北部地方の伝統料理だ。「けんびき」とは地元の古いことばで「肩《かた》こり」という意味。田植えのころに収穫《しゅうかく》される小麦で、農作業の疲れをいやすためにつくられたという。

こんなのもあるよ！

・岡山県の給食・

早島《はやしま》町立早島小中学校
（岡山県都窪《つくぼ》郡早島町早島）

とりめし
苫田《とまた》郡でとれたブロイラーと早島町産のあけぼの米をつかったとりめし。岡山県産のホウレンソウといりたまごに味つけをして、ご飯にまぜた。

牛乳
100%岡山産の牛乳。

ももたろうゼリー
岡山県産の清水白桃《しみずはくとう》をつかった、学校給食用につくられたゼリー。

キノコの赤だし
キノコを入れた赤みそのみそ汁《しる》。具のキノコも豆腐《とうふ》につかわれている大豆《だいず》も岡山県産。ダイコンとネギは早島町産。

岡山県で有名な特産物

モモ

岡山県では明治《めいじ》時代にモモの栽培《さいばい》がはじまった。モモの栽培に適した温暖《おんだん》な気候のもと、品種改良・開発がすすめられ、いまでは全国的に知られるようになっている。現在岡山でつくられているモモは30種類以上。なかでも「清水白桃《しみずはくとう》」は、見た目やかおり、味がよく、岡山のモモの代表となっている。

ブドウ（マスカット・ピオーネ）

エメラルド色の大つぶの実がつくマスカットは、全国生産量の９割《わり》が岡山県でとれる。栽培をはじめた明治時代には、ガラスの温室でつくられ、たいへん高価な果物《くだもの》だった。マスカットとならんで、岡山でつくられている紫色《むらさきいろ》のピオーネは、巨峰《きょほう》からつくられた改良種。岡山のピオーネは大つぶであまく、種がないことで知られている。

かおり高いマスカット（上）とあまくておいしいピオーネ（左）。

サワラ

サワラは岡山近海では、春と秋にとれるサバのなかまの回遊魚。サバのなかまのうちでもからだが細く、腹《はら》の部分の幅《はば》がせまいことから「狭腹《さはら》」とよばれ、それがなまって「サワラ」とよばれるようになった。白身の魚で、おもに刺身《さしみ》にしたり、みそ漬け焼きにする。酢漬《すづ》けにして岡山の名物であるばらずしにつかったり、押《お》しずしにしたりもする。

うまみがあるので刺身もおいしい。

ままかり

ままかりはニシンのなかまで、海水と淡水《たんすい》がまざりあう河口に群《む》れをつくってすんでいる魚。塩焼きにもするが、有名なのは酢漬けにしたもの。魚を酢、砂《さ》糖《とう》、塩、だし汁《じる》、ショウガで漬けたものが、うちでたいたご飯だけではたりなくなるほどおいしく、近所へまま（ご飯）をかり（借り）にいくというところから、ままかりとよばれるようになった。

吉備団子《きびだんご》

吉備団子は、もち米の粉を水あめでねってつくる求肥《ぎゅうひ》に、キビを入れたもち菓子《がし》だ。キビは雑穀《ざっこく》の一種で、日照りに強いため、雨の少ない瀬戸内《せとうち》地方でむかしからつくられてきた。神社へのおそなえものからはじまったといわれる。むかし話の「桃《もも》太郎《たろう》」に出てくる吉備団子とむすびついて、全国に知られるようになった。

広島県《ひろしまけん》

広島県は、中国《ちゅうごく》地方でいちばん面積が広い県です。北部には中国山地がつらなり、切り立った岩の峡谷《きょうこく》もみられます。南部は瀬戸内海《せとないかい》に面し、大小さまざまな島があります。太田川《おおたがわ》ぞいに広島平野が広がり、広島湾《わん》ではカキの養殖《ようしょく》がさかんです。山地の冬は寒く、積雪《せきせつ》もあります。南部は雨が少ない気候です。海と山の産物を使ったいろいろな料理があります。

広島風《ふう》お好《この》み焼き

小麦粉の生地《きじ》を鉄板《てっぱん》にうすくのばし、キャベツ、焼きそば、たまごなどをかさねて焼いたもの。昭和《しょうわ》のはじめごろ、小麦粉《むぎこ》の生地を焼いてソースをぬった「一銭洋食《いっせんようしょく》」という子どものおやつが、駄菓子屋《だがしや》で売られていた。その後、肉や野菜などを入れるようになり、お好み焼きとなった。

これからも伝えていきたい 郷土料理《きょうどりょうり》

あなごめし

アナゴの骨《ほね》とコンブのだし汁《じる》でたいたしょうゆ味のごはんに、アナゴの蒲焼《かばや》きをのせるか、まぜこんだもの。瀬戸内海で漁師《りょうし》がつくった料理「あなごどんぶり」をもとに、宮島口駅《みやじまぐちえき》で駅弁《えきべん》として明治《めいじ》時代に売り出したのがはじまり。宮島の名物として知られ、いまも駅弁として売られている。

ワニ料理

サメやフカなどの魚のことを古くはワニとよんだ。くさりにくい魚なので、海からはなれた県の北東部では、よく食べられ、むかしから正月や秋祭りになくてはならないごちそうだった。刺身《さしみ》、すいもの、ワニめしなど、いろいろな料理にする。

[凡例]
郷土料理　伝統野菜
行事食　特産物
※❶～❿については『資料編』48ページで解説《かいせつ》しています

人と風土が守り育てた 伝統野菜《でんとうやさい》

青大《あおだい》きゅうり

産地 福山市《ふくやまし》

大正時代《たいしょう》のはじめに栽培《さいばい》がはじまった。長さ約30cm、太さ約7cm、重さ約1kgにもなる大きなキュウリ。うすく切っても歯ごたえがある。地元では「どぶうり」とよんでいる。

わけぎ

産地 三原市《みはら》・尾道市《おのみち》

あたたかな気候と砂地《すなち》があい、明治時代にはすでに栽培されていた。ネギよりやわらかく、あまみがある。魚介類《ぎょかいるい》などとまぜ、酢《す》みそで味をつけた「ぬたあえ」で食べられてきた。

観音《かんおん》ねぎ

産地 広島市西区《にし》観音地区

観音地区でつくりだされた葉ネギ。明治時代に太田川ぞいの水はけのよい砂地で栽培がはじまった。葉ネギだが白い部分が多く、やわらかい。お好み焼きや鍋《なべ》ものに使われる。

中国

広島県《ひろしまけん》

広島県では、あたたかい気候を生かしてミカン類がさかんにつくられ、オレンジの生産量は日本一です。国産レモンの発祥地《はっしょうち》でもあります。野菜ではクワイが生産量日本一、県の魚であるカキも養殖漁獲量《ようしょくぎょかくりょう》で日本一です。

地域《ちいき》に受けつがれてきた行事食

鯛麺《たいめん》　結婚式《けっこんしき》・祝いごと・正月

鯛麺は、鯛そうめんともよばれる、広島県など瀬戸内海《せとないかい》沿岸《えんがん》地方の郷土《きょうど》料理。タイのアラをつかったあたたかいつゆといっしょにそうめんを食べるものや、大皿によく冷やしたそうめんとしょうゆ味で煮《に》つけたタイの姿煮《すがたに》をもりつけて、そうめんにタイの煮汁《にじる》をかけて食べるものがある。タイという縁起《えんぎ》のよい魚をつかうため、結婚式や正月などに、縁起ものとして食べられる。

さんばい　田植え

さんばいは、たきたてのご飯にやわらかく煮た豆やきなこをまぜたり、まぶしたりしたものを、朴葉《ほおば》で包んだおにぎり。朴葉のにおいをうつして食べる。広島では田の神様を「さんばいさん」とよび、田植えの最後に田植えを手伝った人たちに配られるおにぎりも、「さんばい」とよばれるようになった。

あずま　正月・秋祭り

ご飯のかわりにおから*をつかうすしで、酢漬《すづ》けにしたママカリやコノシロをのせてにぎったり、これらの魚の開きにおからをはさみこんだりしたもの。広島県をふくむ瀬戸内《せとうち》地方に伝わり、米が貴重《きちょう》だった時代に漁村でつくられたもののなごりといわれている。正月や秋祭りなどで食べられる。

*豆腐《とうふ》をつくるとき、大豆《だいず》から豆乳をしぼったあとにのこるもの。油あげやニンジンなどといっしょにだし汁で煮つけることが多い。栄養があり、食物繊維《しょくもつせんい》も豊富。

こんなのもあるよ！

・広島県の給食・

三次《みよし》市立田幸《たこう》小学校
（広島県三次市大田幸《おおだこう》町）

三次産ピオーネゼリー

煮とかした粉寒天《こなかんてん》に、三次市でとれたブドウ（ピオーネ）の果肉とジュースを入れて、冷やしかためたデザート。

あらめの油いため

あらめは干《ほ》した海藻《かいそう》の一種。やわらかく煮た大豆をニンジン、油あげ、水でもどしたあらめといためて、だしと調味料で味を整えた。

ワニの南蛮漬《なんばんづ》け

広島ではサメのことを「ワニ」とよぶ。一口大に切ったサメ肉に米粉《こめこ》をまぶして油で揚《あ》げたものと、ゆでた野菜を調味料に漬けた。

団子汁《だんごじる》

もち米粉を牛乳でねってつくった団子を、ゴボウやダイコンなどといっしょに煮て、みそ味の汁にしあげた。

広島県で有名な特産物

カキ

日本一 養殖

広島の養殖《ようしょく》カキの出荷量《しゅっかりょう》は日本一で、全国の半分以上を占《し》めている。瀬戸内海《せとないかい》の海水が太田川《おおたがわ》の淡水《たんすい》とまじる、広島湾《わん》の汽水域《きすいいき》に広い養殖場がつくられていて、湾内にうかぶ養殖いかだが独特の風景をつくりだしている。カキは生《なま》で食べるほか、ご飯にたきこんだり、焼いたり、フライや鍋物《なべもの》にしたりする。

「海のミルク」とよばれるカキは栄養豊富。

マツタケ

マツタケは、広島県東部、備後《びんご》地方の山間部がおもな産地で、県の特産品となっている。マツタケはかおりが強いのが特徴《とくちょう》で、かさの開ききっていないものが上等とされ、かさや茎《くき》が黒ずんでいない、色のあまりこくないものが新鮮《しんせん》。９月中旬《ちゅうじゅん》から11月初旬にはマツタケ狩《が》りがおこなわれる。

かおりと歯ざわりを楽しむ。

広島菜《ひろしまな》

広島菜はハクサイのなかまで、江戸《えど》時代に京菜《きょうな》を改良してつくった野菜。はじめは京菜とよばれていたが、太田川沿《ぞ》いの肥沃《ひよく》な土地で大量につくられるようになって、「広島菜」とよばれるようになった。葉には少しからみがある。地元ではカキ鍋に入れて食べるほか、おもに漬物《つけもの》にする。その漬物は「広島菜漬」として全国によく知られている。

広島菜は種まきから２ケ月ぐらいで収穫《しゅうかく》できる。

もみじまんじゅう

小麦粉、たまご、砂糖《さとう》、はちみつをまぜて焼いたカステラ生地《きじ》のなかにあんを入れたお菓子《かし》。モミジの葉をかたどり、紅葉《こうよう》の名所として知られている広島県廿日市《はつかいち》市の厳島《いつくしま》（宮島《みやじま》）の名産品となっている。明治《めいじ》時代に地元の和菓子職人が紅葉の名所にふさわしいお菓子を、と考えだしたのがはじまり。最近ではカステラ生地にレーズンをねりこんだり、あんのかわりにカスタードクリームやチョコレートを入れたりしたものがつくられている。

レモン

日本一

広島県は日本一のレモンの生産地。生産量は全国の約7割《わり》にのぼる。なかでも尾道《おのみち》市は日本でいちばん古くからレモンの栽培をはじめたところで、広島のなかでもいちばん栽培がさかん。レモンは潮風《しおかぜ》に強いので、海沿《ぞ》いでもよく育つ。１本の木に100～150個の実がなる。

鳥取県《とっとりけん》

鳥取県は、日本海《にほんかい》に面した東西に長い県です。南部には中国《ちゅうごく》山地があり、中国地方でもっとも高い山、大山《だいせん》もあります。海ぞいには砂丘《さきゅう》や砂地《すなち》が多く、ラッキョウやネギなど砂地にあった作物がつくられています。大きな漁港《ぎょこう》である境港《さかいみなと》では高級なカニが水揚《みずあ》げされるので、冬のカニ料理がたいへん有名です。

ののこ飯《めし》(いただき)

弓ヶ浜《ゆみがはま》に伝わる、ゴボウの炊《た》きこみごはんを油あげでつつんだ料理。形が「布子《ぬのこ》」(綿《わた》入れ半てんのこと)を着ているように見えるので、なまって「ののこ」になった。米がたいせつだった時代のごちそうで、「いただく」という感謝《かんしゃ》の気持ちから「いただき」ともよばれている。

これからも伝えていきたい
郷土料理《きょうどりょうり》

板井原大根《いたいばらだいこん》

産地 智頭町《ちづちょう》
板井原地区

15cmほどのダイコンで「板井原ごうこ」という漬物《つけもの》になる。ガリッとした歯ごたえと、鼻にぬけるかおりが特徴《とくちょう》。10年前、細々と栽培《さいばい》していた農家の種《たね》をもとに復活《ふっかつ》。

瑞穂《みずほ》しょうが

産地 鳥取市気高《けたか》町日光《にっこう》瑞穂地区

江戸《えど》時代のはじめ、この地にあった鹿野藩《しかのはん》の殿様《とのさま》が東南アジアからとりいれ、つくらせたのがはじまり。味とかおりをよくするため、収穫《しゅうかく》してから穴《あな》の中に半年以上おく。

伯州《はくしゅう》ねぎ

産地 境港《さかいみなと》市・米子《よなご》市ほか

むかし、伯州とよばれた県中西部でつくられていたネギ。農作物が育ちにくい砂地でも育つので、多くつくられるようになった。いたみにくく、やわらかくてあまいのが特徴。

人と風土が守り育てた 伝統野菜《でんとうやさい》

かに汁《じる》

ズワイガニのメスをダイコンと煮《に》た、みそ汁。たまごのうまみが出るメスを使う。カニ漁《りょう》で有名な漁港、境港で漁師《りょうし》がつくった料理がはじまり。「松葉ガニ」とよぶのは成長したズワイガニのオスのこと。とりすぎてカニがへるのをふせぐため、メスは冬にしかとることができない。

大山《だいせん》おこわ

中国地方でいちばん高い大山のふもと、大山町あたりに伝わる味つけごはん。「おこわ」は、もち米をむしたごはんのこと。中に入れる野菜や山菜《さんさい》は家庭によってちがい、祝いのごちそうとしてつくられてきた。明治《めいじ》時代、大《だい》山寺《せんじ》で牛や馬を売り買いする人々によろこばれたという。

中国

鳥取県《とっとりけん》

日本一大きな砂丘《さきゅう》がある鳥取県では、水はけのよい土地でできる二十世紀梨《なし》やスイカ、長ネギやナガイモ、ラッキョウの栽培《さいばい》がさかんです。また、沿岸《えんがん》ではカニの漁獲《ぎょかく》量《りょう》が多く、夏には天然《てんねん》の岩ガキがとれます。

地域《ちいき》に受けつがれてきた行事食

しろはた寿司《ずし》　春祭り

しろはた寿司は、酢漬《すづ》けにしたシロハタのなかに、ご飯のかわりに炒《い》ったおからをつめて重石《おもし》をして発酵《はっこう》させてつくる、なれずし*。シロハタとは、鳥取県でのよびかたで、ハタハタをさす。骨《ほね》もやわらかくなるので、丸ごと食べることができる。千代《せんだい》川の河口に漁港がある鳥取市の賀露《かろ》地区では、豊漁を願う春祭りに「しろはた寿司」をつくって食べる。

鳥取県ではシロハタを一夜《いちや》干《ぼ》しや煮《に》つけにもする。

小豆雑煮《あずきぞうに》　正月

鳥取県の海岸沿《ぞ》いでは、正月にあまい小豆のつゆに丸もちを入れた「小豆雑煮」を食べる。小豆は、砂地の海岸沿いでも栽培することができたため、正月に雑煮にして食べたのがはじまりといわれている。むかしは塩味の雑煮だったが、現在では、少し塩気のきいたあまい味になっている。

かまやき　旧暦《きゅうれき》6月15日ごろ

かまやきは、なかにあんを入れて焼いたもち菓子《がし》。もち米の粉に水をくわえてねったもちで、小豆やソラマメのあんを包み、直径5～6cmくらいの円盤状《えんばんじょう》にする。もちを蒸《む》したあと、ミョウガの葉で包み、焼き色をつけてから食べる。むかし、農作業の区切りになった旧暦6月中旬《ちゅうじゅん》につくり、神様にささげてから、だを休めたという。

こんなのもあるよ！

・鳥取県の給食・

三朝《みささ》町内の中学校
(鳥取県東伯《とうはく》郡三朝町)

ナシ
地元の果樹園《かじゅえん》で栽培される愛宕梨《あたごなし》。

おからコロッケ
地元でとれる三朝神倉大豆《かんのくらだいず》からつくるおからをつかったコロッケ。いっしょにつかわれているジャガイモとタマネギ、つけあわせのブロッコリーも地元産。

漬物《つけもの》あえ
食べごろの野菜を、地元で漬けた漬物であえた。

キノコのみそ汁《しる》
地元でとれるキノコとナメコに、ダイコンとダイコンの葉を具にしたみそ汁。地元の三朝神倉大豆でつくられたみそをつかっている。

ご飯
町内でとれたコシヒカリ米をたいたご飯。

*塩漬けにした魚をご飯といっしょに漬けこんで発酵させたもの。現在のにぎりずしの原型といわれている。

鳥取県で有名な特産物

二十世紀梨《なし》

鳥取県はナシの生産量で、全国でも上位に入る。なかでも「二十世紀梨」は鳥取でとれるナシの8割《わり》を占《し》める代表格。はじめに苗《なえ》が発見されたのは千葉《ちば》県松戸《まつど》市だったが、明治《めいじ》時代に千葉から苗木を買って、栽培《さいばい》をはじめた。砂地《すなち》で水はけのよい土壌《どじょう》がナシの栽培に適していたため、植えつけ面積が広がった。いまでは鳥取のナシといえば二十世紀梨のことをいい、海外でもよく知られる銘柄《めいがら》となった。

砂丘《さきゅう》らっきょう

日本一

鳥取県はラッキョウの生産高で、全国一。水はけのよい砂地が栽培に適しているため、おもに日本最大の砂丘である鳥取砂丘でつくられている。「砂丘らっきょう」の名前で広く知られ、色が白くしっかりしまっている球根部分を甘《あま》酢《ず》漬《づ》けにしたり、焼いたりして食べる。

さっぱりした塩酢漬け。

ベニズワイガニ

日本一

ベニズワイガニは名前のとおり、からだの赤い色があざやかなズワイガニの一種。おもに缶詰《かんづめ》や冷《れい》凍《とう》食品など、加工食品の原料とされることが多いカニ。日本一のカニの水《みず》揚《あ》げ量をほこる境港《さかいみなと》には、カニを加工するたくさんの工場がある。

冬の漁の最盛期《さいせいき》、港は赤一色になる。

松葉《まつば》がに

松葉がには、山陰《さんいん》の日本海沿岸《えんがん》でとれるオスのズワイガニ*のこと。漁《りょう》の解禁は冬であるため、松葉がには、鳥取の冬の味覚の王様とよばれている。塩ゆでにするほか、焼いたり鍋《なべ》に入れたりして食べる。地元では、とれたての松葉がにを刺身《さしみ》で食べることもできる。

*同じオスのズワイガニでも、福井《ふくい》県の越前《えちぜん》海岸周辺の港で水揚げされたものは、越前かにとよばれる。

豆腐《とうふ》ちくわ

原料の7割ぐらいを木綿《もめん》豆腐にして、これに白身の魚肉をまぜ、串《くし》にまきつけたものを蒸《む》してつくるちくわ。しょうゆなどをつけて、おやつやおかずにして食べる。江戸《えど》時代の終わりごろ、鳥取ではまだ港が整備できていなかったため、ぜいたくをしない生活をめざしていた。当時の殿様《とのさま》が、魚ではなく豆腐でちくわをつくるように命令を出したことが、豆腐ちくわのはじまりといわれる。

中国

島根県《しまねけん》

島根県は、日本海《にほんかい》に面した東西に細長い県です。県のほとんどが山地で冬には雪が多くふります。県の東部にある宍道湖《しんじこ》は、川の水と海の水が入りまじる湖で、シジミやスズキなど多くの種類の魚介類《ぎょかいるい》がとれます。とくにシジミは有名で、いろいろなシジミ料理があります。古い城下町《じょうかまち》である松江《まつえ》には、江戸《えど》時代から伝わる郷土《きょうど》料理が受けつがれています。

スズキの奉書《ほうしょ》焼き

宍道湖でとれるスズキを、ぬれた和紙につつんでむし焼きにした料理。奉書とは、殿様《とのさま》の命令《めいれい》を書くための和紙のこと。もとは漁師《りょうし》が寒いときに食べた、熱い灰《はい》の中で魚を焼いた料理。殿様にそれを食べたいとたのまれた漁師が奉書紙につつんだものが、奉書焼きのはじまりという。

しじみ汁《じる》

宍道湖でとれる大つぶのヤマトシジミを使う料理。家庭ではみそ汁にすることが多い。しょうゆと塩で味をつけた透《とう》明《めい》のすまし汁にもされる。だしがよく出てかおりが高い。シジミは川の水と海の水がまじったところの砂《すな》の中でとれる。夏がとくにおいしく、つかれをとるといわれている。

これからも伝えていきたい 郷土料理《きょうどりょうり》

ぼてぼて茶

むかし、松江の殿様が狩《か》りのときに食べていたといわれる。熱い番茶《ばんちゃ》を入れた茶わんにごはんや漬物《つけもの》などを細かくきざんで入れ、はしを使わずに食べていた。番茶を茶わんにそそぎ「茶せん」という道具であわだてるとき、「ぼてぼて」と音がするので、その名がついたという。

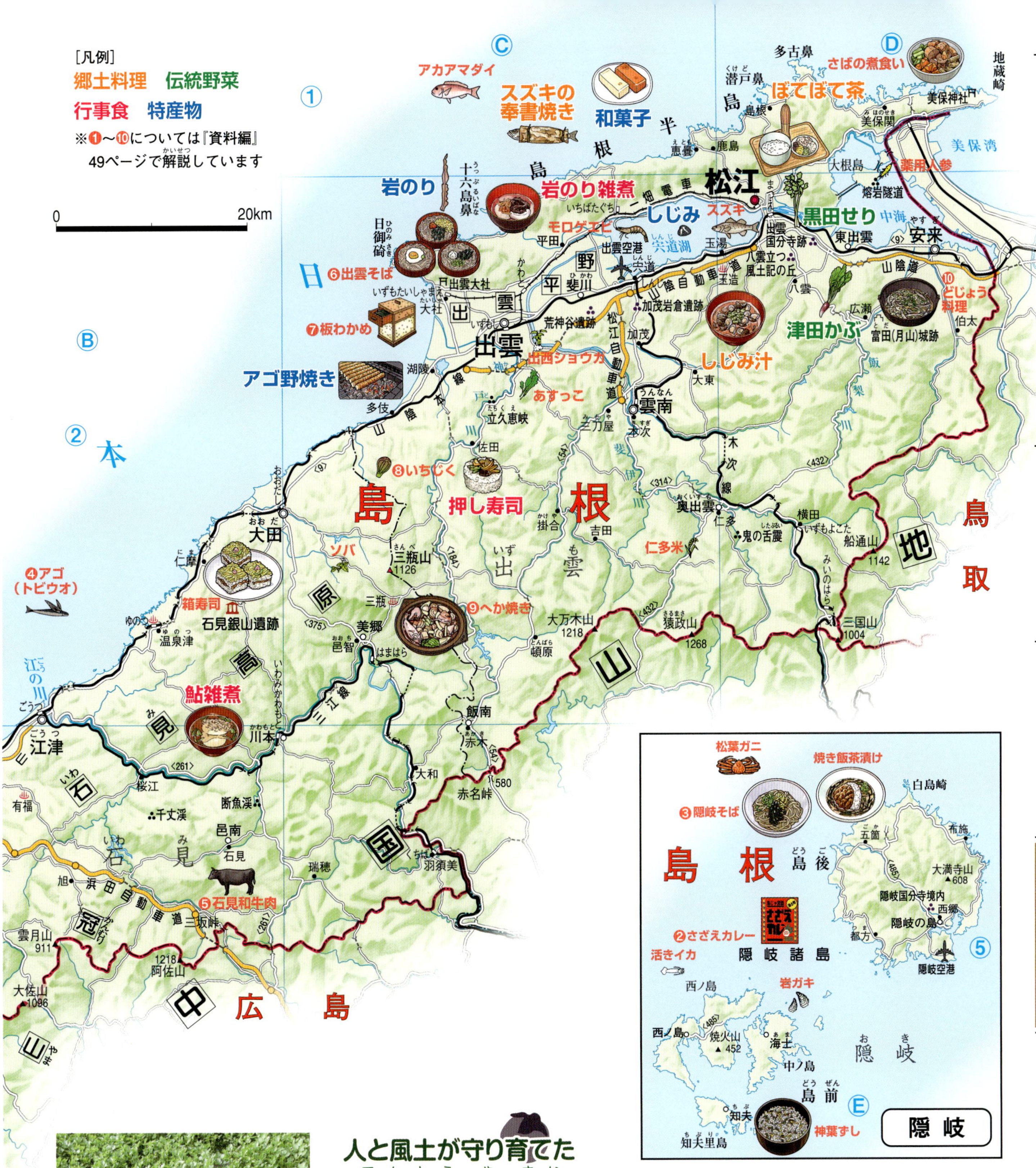

人と風土が守り育てた 伝統野菜《でんとうやさい》

黒田《くろだ》せり

産地 松江市黒田町周辺

宍道湖からつづく沼地《ぬまち》にはえていたセリを、明治《めいじ》時代から水田《すいでん》でつくるようになった。山からひいたわき水を使った、やわらかいねん土《ど》状の水田でつくられる。

津田《つだ》かぶ

産地 松江市津田町周辺

江戸時代に滋賀県から伝わったといわれ、津田地区でつくられてきた。赤い皮とまが玉のように曲がった形が特徴《とくちょう》で、かおりがよくあまみがあり、漬物《つけもの》にされることが多い。

島根県《しまねけん》

島根県全域《ぜんいき》で米をつくっているほか、ワサビや葉タバコなどを栽培《さいばい》しています。宍道湖《しんじこ》ではシジミ、日本海側でノドグロやアジ、カレイがとれます。沿岸《えんがん》は天然《てんねん》の岩のりの産地。安来《やすぎ》市はドジョウの養殖《ようしょく》で有名です。

地域《ちいき》に受けつがれてきた行事食

押し寿司《おしずし》　ひな祭り・冠婚葬祭《かんこんそうさい》

島根県から山口《やまぐち》県東部にかけての地域では、野菜をあんに見立てた押し寿司がよく食べられている。押し寿司は、ひな祭り、結婚式《けっこんしき》、法事《ほうじ》といった行事で欠くことのできない料理として受けつがれていて、地域によって名前も変わる。米を節約するために野菜を多くつかい、米が貴重《きちょう》なころの生活の知恵《ちえ》をいまに伝えている。

あまからい味の具をなかに入れる。

岩のり雑煮《ぞうに》　正月

出雲《いずも》地方では、もちを入れたすまし汁《じる》の上に、正月に十六島《うっぷるい》でとれる岩のりをのせた雑煮を食べる。十六島のりは、江戸《えど》時代に全国によく知られるようになった。同じころ、松江藩《まつえはん》の武家《ぶけ》で、正月にのりともちの雑煮を食べるようになったことが岩のり雑煮のはじまりだという。

鮎雑煮《あゆぞうに》　正月

江《ごう》の川流域《かわりゅういき》の内陸部では、正月に焼いたアユでだしをとった雑煮を食べる。水をはった鍋《なべ》に焼きアユを入れ、弱火で煮てアユのだしをとる。このだしに酒やしょうゆをくわえて味を整えて、ゆでたもちを入れる。そのほかの具は、おせち料理のなかから、食べたいものをのせて食べる。

こんなのもあるよ！

・島根県の給食・

江津《ごうつ》市内の小学校
（島根県江津市）

牛乳
島根県出身のマンガ家の絵がついた、島根産の牛乳。

クワの実ジュースゼリー
地元産クワの実ジュースをつかった手づくりゼリー。

あすっこサラダ
ブロッコリーとビタミン菜《な》の交配からうまれた島根の野菜「あすっこ」と地元野菜を島根県のふる里ドレッシングであえたサラダ。

とんころのから揚《あ》げ
松江《まつえ》・浜田沖《はまだおき》でとれるニギスのことを、江津では「とんころ」とよぶ。とんころに米粉《こめこ》をまぶしたから揚げ。

鉄火ぼたんみそのせ玄米《げんまい》入りご飯
地元でつくられる、イノシシ肉の入った「ぼたんみそ」に特産物のゴボウと大豆《だいず》をくわえて、栄養満点の「鉄火ぼたんみそ」に。玄米入りご飯にみそをのせていただく。

アユもびっくりふるさと煮しめ
干《ほ》しアユのだしで、地元野菜を煮た、やさしい味の煮物。

島根県で有名な特産物

しじみ

日本一　養殖

島根県北東部にある宍道湖《しんじこ》は、美保湾《みほわん》からの日本海の海水と、斐伊川《ひいかわ》の淡水《たんすい》がまじった汽水湖《きすいこ》。ここでは汽水で育つヤマトシジミが養殖《ようしょく》されていて、その漁獲量《ぎょかくりょう》は日本一。宍道湖のしじみは、殻《から》が35mmぐらいまで育ち、大きい。すまし汁《じる》やみそ汁などの具として食べられている。

多くの種類の魚がとれる宍道湖。

アゴ野焼き

出雲《いずも》地方ではトビウオのことを「アゴ」という。5月ごろ、産卵《さんらん》のために日本海を北上するトビウオが大量にとれる。身をすりつぶして、金串《かなぐし》にまきつけて焼いたものが、アゴ野焼きとよばれる。ちくわよりも太く、風味づけに酒をつかう。むかしは屋外で炭火で焼いたため、「野焼き」の名前がついた。

ノドグロ

ノドグロは、正式な名前をアカムツという。からだは赤いが口の奥《おく》が黒いので、「ノドグロ」とよばれる。もとは日本海沿岸《えんがん》でつかわれていた名前だったが、味のよさが知られはじめると、全国でつかわれるようになった。島根県沖《おき》から山口《やまぐち》県沖にかけての海域《かいいき》にはエサとなるプランクトンが豊富なため、おいしいノドグロがとれるといわれる。焼き魚、煮魚《にざかな》、干物《ひもの》などにして食べる。

岩のり

岩のりは海藻《かいそう》のなかまで、正式な名前をアマノリという。日本海に面した出雲市平田《ひらた》町の十六島《うっぷるい》海岸は、『出雲風土記《ふどき》』に登場するほど、むかしから天然《てんねん》の岩のりの産地としてよく知られている。冬のもっとも寒い、海の荒《あ》れる時期に採取されるのりは、半生《はんなま》のまま料理につかわれたり、干《ほ》して板状にされて、おにぎりやすしにまかれたりする。江戸《えど》時代には将軍家《しょうぐんけ》にも献上《けんじょう》された。

寒い時期、手作業で採取する。

和菓子《わがし》

江戸時代の松江藩主松平治郷《まつえはんしゅまつだいらはるさと》（不昧公《ふまいこう》）が、茶会用の菓子を考えだしたのがはじまり。地元ではいまでも「不昧公好み」とされる和菓子が数多く伝わっている。なかでも「若草《わかくさ》」は代表格。奥出雲でとれる上質なもち米と水あめをねってつくった求肥《ぎゅうひ》に、うす緑の寒梅粉《かんばいこ》（→p7）をまぶしてしあげる。

季節によって菓子もかわる。

中国

山口県《やまぐちけん》

山口県は、本州《ほんしゅう》の西のはしにあり、日本海《にほんかい》、響灘《ひびきなだ》、瀬戸《せと》内海《ないかい》の周防《すおう》灘に面しています。関門海峡《かんもんかいきょう》にかかる橋と海底《かいてい》トンネルで九州《きゅうしゅう》とつながっています。平地は少なく、小さい半島や島があります。冬に雪がふる日本海側もあたたかい海流が流れていて、きびしい寒さはなく、瀬戸内海側は雨が少なく温暖《おんだん》です。下関《しものせき》はむかしからフグで有名です。夏みかんを使った料理もあります。

ふく料理
（ふぐ料理）

下関ではフグのことを幸福《こうふく》の「福」にちなんで「ふく」とよぶ。フグの内臓《ないぞう》には強い毒《どく》があるため、豊臣秀吉《とよとみひでよし》はフグを食べることを禁《きん》じた。明治《めいじ》時代、日本ではじめて内閣総理大臣《ないかくそうりだいじん》になった伊藤博文《いとうひろぶみ》が下関でフグを食べ、あまりにもおいしかったので、山口県ではフグを食べてもよいということにした。

人と風土が守り育てた
伝統野菜《でんとうやさい》

とっくり大根《だいこん》
産地 周南《しゅうなん》市

とっくりの形をした小さいダイコン。瀬戸内海に面した赤土《あかつち》のだんだん畑《ばたけ》でつくられている。からみが強く、そのままでは食べられないため、たくあん漬《づ》けにされることが多い。

岩国《いわくに》赤大根
産地 岩国市周辺

外側は赤く、中は白いダイコン。明治時代、中国から入ってきたという。寒さにあうと、あまくなる。赤い色がめでたいとされ、酢《す》漬けにされたものが正月に食べられている。

やまのいも
産地 山口市徳地《とくぢ》地区

手のような形から「仏掌《ぶっしょう》いも」ともよばれる。佐波川《さばがわ》のまわりで、江戸《えど》時代からつくられていたという。すりおろすとねばりが出てかおりもよく、とろろなどにして食べられる。

夏みかんずし

夏みかんの果汁《かじゅう》を入れてたいた炊《た》きこみごはんや夏みかん酢《す》を使った酢めしでつくる。いずれの場合でも、ニンジン、シイタケを煮《に》たものや夏みかんの皮をきざんだものを上にのせ、夏みかんの花と実の型に型ぬきをする。夏みかんは「ナツダイダイ」ともよばれる。

これからも伝えていきたい
郷土料理《きょうどりょうり》

茶《ちゃ》がゆ

米をほうじ茶や番《ばん》茶でたいたおかゆのこと。「カンス」とよばれる鉄製《てつせい》の釜《かま》を使う。サツマイモや大豆《だいず》などを入れたりもする。江戸時代のはじめごろ、貧《まず》しい人が多かった岩国藩《いわくにはん》で、米を節約《せつやく》するためにつくられるようになったといわれる。いまではからだによい食べ物として人気がある。

山口県《やまぐちけん》

江戸《えど》時代から栽培《さいばい》されてきた夏ミカンが、県の特産品になっています。中国野菜とブロッコリーを交配させた新種の野菜も栽培されています。下関《しものせき》や萩《はぎ》、長門《ながと》地区では漁業がさかんで、フグのほかウニやイカなどが有名です。

地域《ちいき》に受けつがれてきた行事食

いとこ煮《に》　冠婚葬祭《かんこんそうさい》

地域によって煮物だったり汁物《しるもの》だったりとちがいが大きいが、小豆《あずき》と白玉団子《しらたまだんご》（もち米粉を水でねってつくったもち）を入れることだけは同じ。代表格は萩《はぎ》の汁物で、昆《こ》布《ぶ》だしにしょうゆで味をつけた汁に砂糖《さとう》と塩をくわえ、下ゆでしておいた小豆、白玉団子、シイタケ、麩《ふ》などを入れて煮たあとで、冷《さ》まして食べる。火が通りにくい食材をおいおい入れていくところから、「甥《おい》と甥はいとこ」というごろ合わせでこの名がついたといわれる。一年を通して、人が集まるときにつくられる。

あんこ寿司《すし》　祭り・祝いごと

あんこ寿司は、祭りや祝いごとがあったときに、山口県東部でつくられる押《お》しずし。切り干《ぼ》し大根・干しシイタケ、ゴボウ、ニンジン、こんにゃくなどを砂糖としょうゆであまからく煮たものを「あん」とよび、すしめしのなかに包みこんで四角い型に入れる。型からぬいてから、上にでんぶやうす焼きたまごなどをかざる。江戸《えど》時代の米が多くとれなかったときに考えだされたという。

おばいけ　節分《せつぶん》

おばいけは、クジラの尾《お》びれの身「尾羽《おば》」のことで、脂《し》肪《ぼう》とゼラチン質でできている。この尾羽を塩漬《しおづ》けにしたものを、うすく切って熱湯《ねっとう》にさらすと、チリチリとちぢんで白く透明《とうめい》なかたまりになる。酢《す》みそをつけて食べる。関西では「おばけ」、関東では「さらしくじら」ともいう。山口県では節分の夜に大きなおばいけを食べると、よい年が送れるという。

こんなのもあるよ！

・山口県の給食・

山口県防府《ほうふ》市立華城《はなぎ》小学校
（山口県防府市華城中央《ちゅうおう》）

鯨肉《くじらにく》のアーモンドがらめ

むかしからクジラを食べる伝統のある山口県。クジラ肉を揚《あ》げて竜田《たつた》揚げをつくり、それをしょうゆと砂糖、みりんなどのたれにつけ、アーモンドをからめたもの。

春菊《しゅんぎく》のごまあえ

ビタミンAが豊富で、風邪封《かぜふう》じになる冬野菜の代表、シュンギク。山口県下では、華城地区が最大の生産地。ハクサイといっしょにゆでて、ゴマであえたもの。

粕汁《かすじる》

ダイコン、ニンジン、サトイモ、小松菜に、こんにゃくと豆《とう》腐《ふ》が入った汁。味つけは米みそと酒かすでつけてある。

山口県で有名な特産物

シロウオ

シロウオは、全長5㎝ほどの小型のハゼのなかま。全体が半透明《はんとうめい》で白っぽいことからシロウオとよばれる。春に萩《はぎ》市の阿武川《あぶがわ》（松本川《まつもとがわ》）の河口で四角い網《あみ》をしずめて、四隅《よすみ》をひきあげてとる。天ぷら、すまし汁《じる》の具、たまごとじなどにして食べるほか、生きたまま酢《す》じょうゆにつけて食べる「おどり食《ぐ》い」が知られている。

四角い網ですくうように漁《りょう》をする。

ウニ

山口県では日本海側と瀬戸内海《せとないかい》側で、ムラサキウニ、バフンウニ、アカウニの3種類が春先から夏の終わりまで順番にとれる。なかでもバフンウニのおいしさはよく知られている。生《なま》のウニは、刺身《さしみ》や焼き物、あえものなどにして食べられる。日持ちするようにアルコール漬《づ》けにされたびんづめウニは、全国へ送られている。

うにごはん（下）

潮《しお》のかおりとあまみが特徴《とくちょう》。

見島牛《みしまうし》

萩《はぎ》市の北の日本海上にうかぶ見島でむかしから飼育されてきた、日本在来種の牛。数がたいへん少なくなってきたので、いまは国の天然《てんねん》記念物になっている。オスの牛は食肉になり、上等な霜降《しもふ》り肉として知られる。年間に限られた頭数しか市《し》場《じょう》には出荷《しゅっか》されないので、「幻《まぼろし》の牛」とよばれる。

純《じゅん》日本産の牛のすがたをいまも残す。

瀬《せ》つきアジ

瀬つきアジは、山口県の日本海側でとれるアジのこと。回遊するふつうのアジとはちがい、プランクトンなどのエサが豊富な瀬（水中の岩礁帯《がんしょうたい》）にすみついていることから、瀬つきアジとよばれる。すがたはふつうのアジにくらべて丸みがあり、味がよいことで知られる。

からだの色がやや黄色いことから、地元では黄アジともよばれる。6月が旬《しゅん》。

みかんゼリー

城下町の萩では、武士の世の中が終わったあと、空き地になった武家屋敷《ぶけやしき》を利用してミカン栽培《さいばい》がはじめられ、いまでもさかんに栽培されている。ミカンは加工されてゼリーにもなる。果肉がほぼ丸ごとの大きさで入っていて、ミカンの果汁《かじゅう》を楽しめる。夏みかんの皮を容器にしたゼリーもある。

たわわに実った夏みかん。

中国

徳島県《とくしまけん》

徳島県は、東は紀伊水道《きいすいどう》、南は太平洋《たいへいよう》に面しています。北部に讃岐山脈《さぬきさんみゃく》、南部には四国《しこく》山地があります。その間を吉野川《よしのがわ》が流れていて、吉野川ぞいには徳島平野が広がっています。北部は雨が少なく、南部の太平洋側《がわ》は雨が多い気候です。内陸部の祖谷《いや》地方には山地ならではの料理があります。吉野川のアユ料理も有名です。

これからも伝えていきたい 郷土料理《きょうどりょうり》

でこまわし

串《くし》にさしたイモや豆腐《とうふ》、コンニャクにあまいみそをぬり、いろりの火のまわりに立てて焼く料理。くるくる回しながら焼くようすが、むかしさかんだった人形劇《にんぎょうげき》「阿波木偶《あわでこ》」で使う人形の頭のように見えたので、名前がついた。イモはサトイモや、祖谷地方の「ごうしゅいも」を使う。

ひらら焼き

「ひらら」とは、平《ひら》たい（平《たい》らな）石のこと。むかしは河原《かわら》の石を使った。石を火で熱し、その上にみそを輪《わ》のようにかためていき、中に魚やジャガイモなどをならべて焼く。みそとまぜて食べる、バーベキューのような祖谷地方の料理。魚はアメゴというサクラマスの子どもを使う。

ぼうぜのすがたずし

ボウゼとは、東京でエボダイ、大阪でウボゼ、北九州《きたきゅうしゅう》ではシズとよばれる魚のこと。酢《す》でしめたボウゼに酢めしをつめて、魚のすがたをそのまま見せる「すがたずし」にする。酢めしに徳島県特産のスダチをしぼった汁《しる》を入れるのが特徴《とくちょう》。

阿波《あわ》たくあん

産地 阿波市阿波町地区・市場《いちば》町地区

たくあん漬《づ》け用の白首《しろくび》ダイコン。なめらかで皮がうすいことで有名。徳島県のたくあん漬けづくりは、明治《めいじ》時代の終わりからはじまり、昭和《しょうわ》のはじめごろは全国一だった。

阿波《あわ》みどり

産地 藍住《あいずみ》町・板野《いたの》町・石井《いしい》町

奈良《なら》漬けにするシロウリは、この「阿波みどり」がいちばん合うといわれている。大きなものは長さ30cmになる。吉野川ぞいで、昭和のはじめにつくられるようになった。

人と風土が守り育てた 伝統野菜《でんとうやさい》

[凡例]
郷土料理　伝統野菜　行事食　特産物
※❶～❿については『資料編』50ページで解説《かいせつ》しています

ごうしゅいも

産地 三好《みよし》市祖谷地方・つるぎ町一宇《いちう》地区

斜面《しゃめん》にある畑で、江戸《えど》時代の終わりからつくられているというジャガイモ。あまみがあって、煮《に》るときにくずれにくい。「源平《げんぺい》いも」という名前で売られている。

徳島県《とくしまけん》

温暖《おんだん》な平野が広がる徳島は、ミカンのなかまであるスダチとユズの全国でも有数の生産地です。沿岸部《えんがんぶ》では一年を通してワカメやのりがとれ、瀬戸内海《せとないかい》ではタイやカニ、エビといった海の幸《さち》が豊富にとれます。

地域《ちいき》に受けつがれてきた行事食

おでんぶ　正月・節句《せっく》など祝いごと

おでんぶ（おれんぶともいう）は、金時豆《きんときまめ》や黒豆を、ダイコン、ニンジン、ゴボウなどの根菜や、こんにゃく、ちくわなどといっしょに煮《に》こんだ料理。梅干《うめぼ》しも入れるので、煮こみ料理としてはめずらしく酸味《さんみ》の強い独特な味が特徴《とくちょう》。梅干しにより、保存《ほぞん》効果も出る。徳島県では、正月や節句など祝いごとのときに食べられている。徳島県の南部でうまれた料理といわれているが、名前の由来《ゆらい》ははっきりしていない。

たらいうどん　冠婚葬祭《かんこんそうさい》

かつて林業がさかんだった宮川内谷川《みやごうちだにがわ》流域《りゅういき》では、山仕事のあいだに大釜《おおがま》でゆでたうどんを釜からすくって食べていた。のちに、ゆであがったうどんを木おけ（たらい）に入れるようになり、この名がついた。いまでも冠婚葬祭など人の集まるときに、たまごやヤマイモをねりこんだ太めのうどんが、ジンゾク（川魚）だしのつゆで食べられている。

阿波《あわ》ういろ　桃《もも》の節句《せっく》・七五三《しちごさん》

阿波ういろは、徳島県でつくられているういろうで、もち粉《こ》や米粉に小豆《あずき》あんや砂糖《さとう》などを水でねりあわせて蒸《む》したお菓子《かし》。小豆風味のもちもちとした食感が特徴《とくちょう》。江戸《えど》時代に阿波国（徳島県）で和三盆《わさんぼん》（上質の砂糖）がつくられたことを祝って、殿様《とのさま》が3月3日の節句に食べたことから、現在も桃の節句や七五三などの祝いの席で食べられている。

こんなのもあるよ！

・徳島県の給食・

小松島《こまつしま》市内の小学校
（徳島県小松島市）

ハモとサツマイモの天ぷら

全国でもハモの漁獲量《ぎょかくりょう》が多い小松島。そのハモをつかった天ぷらと、鳴門《なると》産のサツマイモ鳴門金時に米粉《こめこ》をつけて天ぷらに。

ごはん

小松島産のコシヒカリを使用。

ボイルキャベツ

ビタミン豊富な徳島県産のキャベツをゆでたもの。

けんちん汁

とり肉、ゴボウ、ダイコン、ニンジン、油あげなど、地元で生産された食材をたくさんつかった、けんちん汁。栄養もあり、子どもたちにも人気がある。

徳島県で有名な特産物

鳴門金時《なるときんとき》

吉野川流域《よしのがわりゅういき》の鳴門市などでつくられている、やや小ぶりのあまみが強いサツマイモ。蒸《む》したときの表面の赤色と中身の黄色が美しく、和菓子《わがし》や料理の食材としてつかわれる。むかし、中身が黄色いイモを「金時イモ」とよんでいたことから、「鳴門金時」の名前がついた。

焼きいもや大学いもにしてもおいしい。

スダチ

スダチは、ミカン科のユズ類のなかま。ユズより小さく、ユズが黄色なのに対し緑色。焼き魚や鍋《なべ》料理に果汁《かじゅう》をしぼって酸味《さんみ》やかおりを楽しむ。徳島県を代表する特産物で、徳島の人は刺身《さしみ》や漬物《つけもの》にもつかう。

スダチの花は県の花に指定されている。

鳴門《なると》わかめ

鳴門海峡《かいきょう》では潮《しお》の流れがはやいため、良質なワカメが育つ。鳴門わかめは、とりたてを釜《かま》でゆでて灰《はい》にまぶして天日《てんぴ》で乾《かん》燥《そう》させる。これは約150年前からおこなわれている独特のつくり方で、「灰干《はいぼ》し製法」とよばれている。

もどしたワカメは歯ごたえがある。

竹ちくわ

竹ちくわは、竹に魚のすり身をまきつけて焼いたちくわ。小松島《こまつしま》市の特産で、地元でとれる魚と青竹をつかってつくられる。スダチをしぼって、竹からはずさず、かじるようにして食べる。地元では「ちっか」とよばれ、子どものおやつなどとしてもしたしまれている。

和三盆《わさんぼん》

和三盆は、サトウキビからつくられる、つぶの細かい上質の砂糖《さとう》。高級菓子《がし》につかわれ、和三盆そのものをかためただけのお菓子もある。現在も機械をつかわずに、人の手によって時間をかけてつくるため、生産量は少ない。もっとも高価で、上品な味のする砂糖である。

ふるいに残ったかたまりを干した「あられ糖」。

香《か》川《がわ》県《けん》

香川県は、瀬戸内海《せとないかい》に面し、大小さまざまな島がある、全国で面積がもっとも小さい県です。北部に讃岐《さぬき》平野が広がり、南部には讃岐山脈《さんみゃく》があります。温暖《おんだん》で一年じゅう晴れの日が多く、雨があまりふらない気候のため、水不足にそなえてむかしからため池がつくられました。小豆島《しょうどしま》では乾燥《かんそう》に強いオリーブが栽《さい》培《ばい》されています。平野では小麦がつくられ、讃岐うどんが有名です。

てっぱい

フナなどの生《なま》の魚と、ダイコン、タマネギなどの野菜に、酢《す》みそ、トウガラシなどを加えてまぜたもの。香川県にはたくさんのため池があり、そこでとれるフナを使ってつくられてきた。酢みそあえのことを「鉄砲《てっぽう》あえ」とよぶが、それが「てっぱい」になった。

カンカンずし（ほったらずし）

サワラなど季節の魚を使った押《お》しずし。酢めしと魚を木のわくにつめるとき、木づちという道具でカーンカーンと打って重しをかけたので「カンカンずし」と名がついた。ほうりなげてもくずれないほど、かたくしまっているので「ほったらずし」「ほらいたずし」ともよばれる。

これからも伝えていきたい 郷土料理《きょうどりょうり》

讃岐《さぬき》うどん

むかしから小麦がよくとれた讃岐（香川県のむかしのよび名）でつくられるコシの強いうどん。だしに使うイリコ（にぼし）や塩、小豆島のしょうゆなど、材料が近くで手に入りやすかったこともあり、うどんづくりが広まった。つゆをかけず、しょうゆをかけるだけの食べ方もある。

人と風土が守り育てた

伝統野菜《でんとうやさい》

さぬきしろうり

産地 高松《たかまつ》市

ウリは、日本ではキュウリより古くからつくられてきた作物。成長すると実が白っぽくなることから、シロウリという。おもに漬物《つけもの》用として明治時代からつくられてきた。

金時《きんとき》にんじん

産地 坂出《さかいで》市・観音寺《かんおんじ》市

江戸《えど》時代に中国から伝わったニンジンで、あざやかな赤色が特徴《とくちょう》。香川県では明治時代につくられるようになった。おもに関西《かんさい》で売られ、おせち料理に使う。長さは30cmと長い。

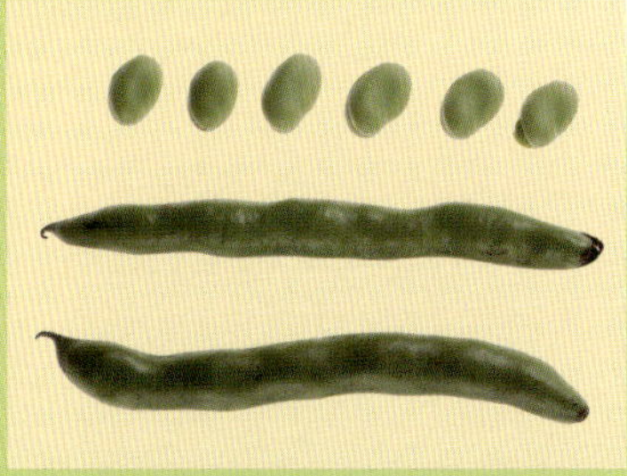

さぬき長ざやそらまめ

産地 香川県内各地

明治時代、稲《いね》かりをしたあとの田でつくる作物として栽培されるようになった。農作業を手伝ってくれた人をもてなすための「押しぬきずし」や「しょうゆ豆《まめ》」に使われてきた。

香川県《かがわけん》

香川県では、金時《きんとき》にんじんやニンニク、レタスがさかんに栽培《さいばい》されています。また、小豆島でオリーブの栽培に日本ではじめて成功し、オリーブの生産量は日本一です。讃岐《さぬき》地方のうどんとドジョウが有名です。

地域《ちいき》に受けつがれてきた行事食

あんもち雑煮《ぞうに》　正月

あんもち雑煮とは、あんこを包んだ丸もちが入った白みその雑煮。ダイコン、ニンジン、サトイモといったほかの具も丸く輪切りにされる。丸く切るのは、家族円満でありますようにとの願いがこめられているという。もちにあんこが入っている理由は、あまいものが貴重《きちょう》だったむかし、せめて正月だけでもぜいたくをしようとしたからだという。このような雑煮はこの地方独特のもの。

あんこは粒《つぶ》あん。

さわら押《お》しぬきずし　里帰り

香川県の一部の地域では、嫁《よめ》が里帰りする際、サワラを実家にもっていき、押しぬきずしをつくって婚家《こんか》にもち帰るといった習慣がいまに伝わっている。「押しぬきずし」は、木型にすしめしを入れ、その上にサワラのほか、ソラマメ、煮《に》シイタケ、たまご焼きなどの具材をきれいに配置して、上から押して型からぬきだしてつくる。

いもたこ煮《に》　正月など

いもたこ煮は、サトイモと瀬戸内海《せとないかい》でとれるタコをしょうゆ、砂糖《さとう》、みりん、酒で煮つけた郷土《きょうど》料理。サトイモは、親イモに子イモ、さらに孫イモとたくさんのイモがつくことから子孫繁栄《しそんはんえい》の象徴《しょうちょう》として、正月や行事などの際に食卓《しょくたく》によく出される。

こんなのもあるよ！

香川県の給食

丸亀《まるがめ》市内の小学校
（香川県丸亀市）

かぼちゃの天ぷら

県内で育ったカボチャを天ぷらにした。

いりこめし

瀬戸内海でとれるカタクチイワシをゆでて干《ほ》したものが「いりこ」。このいりこを、季節の野菜といっしょにしょうゆ味をつけてご飯にたきこんだもの。香川県を代表する郷土《きょうど》料理のひとつ。

ミカン（小原紅早生《おばらべにわせ》）

「金時みかん」ともよばれるミカンで、あまくて赤いのが特徴《とくちょう》。1993年、香川県のオリジナル品種となった。

食べて菜《な》のごまあえ

食べて菜は、さぬき菜と小松菜を交配させて香川でうまれた新しい野菜。県の子どもたちからの公募《こうぼ》で「食べて菜」と命名。意味は讃岐の方言で「食べてみて」。あまくてやわらかいのが特徴。

みそ汁

コンブや煮干《にぼし》でだしをとり、季節の野菜とキノコを入れたみそ汁《しる》。地元産の白みそと粒《つぶ》みそをあわせてつかっている。

香川県で有名な特産物

オリーブ

オリーブは、地中海《ちちゅうかい》地方を原産地とする植物。果実をつかってオリーブオイルやピクルスがつくられる。日本では地中海地方と気候の似ている小豆島《しょうどしま》で栽培《さいばい》に成功。いまでは、食用のオイルだけではなく、塩漬《しおづ》けや化粧用《けしょうよう》オイルなどいろいろなものがつくられている。

実は熟《じゅく》すにつれ、うす緑色から黒色になっていく。

小豆島《しょうどしま》そうめん

香川県の小豆島は、奈良《なら》県の三輪《みわ》、兵庫《ひょうご》県の播州赤穂《ばんしゅうあこう》とともに、手のべそうめんの日本三大産地として知られている。手のべとは、機械にたよらず、人の手でひきのばし、天日《てんぴ》で乾燥《かんそう》させるつくり方のこと。ひきのばすときに、ごま油をつかうのが小豆島手のべそうめんの特徴《とくちょう》。つくり方は400年前からかわっていない。

天日で干《ほ》される小豆島そうめん。

ハマチ

日本ではじめて、ハマチの養殖《ようしょく》に成功したのが香川県。ハマチは大きくなるにつれて名前がかわる「出世魚《しゅっせうお》」。地方によってよび名がことなるが、香川県ではツバス→ハマチ→メジロ→ブリとかわっていく。出世魚は縁起《えんぎ》がよいとされ、祝いごとの料理にもよくつかわれる。最近ではオリーブの葉をまぜたエサを食べさせた「オリーブハマチ」が人気で、多く育てられている。

いりこ

観音寺《かんおんじ》市の沖《おき》の伊吹島《いぶきじま》周辺で、豊富にとれるカタクチイワシを、ゆでて乾燥させたものが、伊吹のいりこ。日本全国に流通するいりこの約1/3を占《し》める。香川県では、讃岐《さぬき》うどんのだし汁《じる》をとるには、伊吹のいりこにかぎるといわれている。

瓦《かわら》せんべい

瓦せんべいは、かたちを屋根瓦に似せたあまい焼き菓子《がし》。むかし高松《たかまつ》市にあった高松城《じょう》の瓦をかたどったといわれている。表面には焼き印《いん》がある。明治《めいじ》時代に、たまごと小麦粉、香川産の砂糖《さとう》をつかったぜいたくな菓子としてつくられ、香川の郷土《きょうど》菓子になった。

香川特産の砂糖「和三盆《わさんぼん》」がやさしいあまみに。とてもかたいことでも知られている。

愛媛県《えひめけん》

愛媛県は、北が瀬戸内海《せとないかい》に、西は宇和海《うわかい》に面し、およそ200もの島があります。西につきでた佐田岬《さだみさき》半島があり、北部は平野、中部は四国《しこく》でいちばん高い石鎚山《いしづちさん》などの四国山地につづいています。山地で冬に寒いほかは温暖《おんだん》で、瀬戸内海側《がわ》は雨が少なく、宇和海側は雨が多い気候です。漁業《ぎょぎょう》がさかんで、サバやタイなどの料理が有名です。だんだん畑のミカン栽培《さいばい》もさかんです。

いぎす豆腐《どうふ》

今治《いまばり》地方の海岸などの、岩についたイギスという赤い海藻《かいそう》を使う。そのイギスを大豆《だいず》の粉《こな》とともにだし汁《じる》で煮《に》てとかし、かためたもの。干《ほ》しエビ、野菜をまぜてかためるものもある。酢《す》みそやおろしショウガ、からしじょうゆなどをつけて食べる夏の料理。

佐妻汁《さつまじる》

白身《しろみ》の魚を使った宇和島《うわじま》地方に伝わる料理。魚を焼いて、あついうちに身をほぐし、みそとまぜてすり鉢《ばち》ですったものを火であぶる。それをだし汁にまぜ、コンニャク、ネギとともにごはんにかけて食べる。ミカンの皮をこまかく切っていれる、愛媛県ならではの料理。

これからも伝えていきたい 郷土料理《きょうどりょうり》

宇和島鯛《うわじまたい》めし

流れが早い宇和海のマダイは、とくに味がよいとされる。新鮮《しんせん》なタイの刺身《さしみ》とたまごをごはんにのせ、しょうゆなどで味つけしたたれをかけて食べる宇和島地方の料理。もとは船の上で火を使わずにつくった料理という。赤身《あかみ》魚《ざかな》、アジなどを使ったものは「ひゅうが飯《めし》」ともよばれる。

人と風土が守り育てた 伝統野菜《でんとうやさい》

伊予緋《いよひ》かぶ

産地 伊予市中山《なかやま》町地区

江戸《えど》時代に滋賀県の日野《ひの》菜が伝わったという。根の表側とくきが赤いのが特徴《とくちょう》。甘酢《あまず》漬けにされることが多い。かんきつ類の汁を入れると、さらにあざやかな赤色になる。

庄《しょう》だいこん

産地 松山《まつやま》市庄《しょう》地区

江戸《えど》時代の終わりから、栽培《さいばい》されてきた。水分が少なく、あまみが強くてやわらかいのが特徴。塩漬けしたものをカボスと酢《す》につけると桃色《ももいろ》になり桜《さくら》漬けとよばれる。

テイレギ

産地 松山市

オオバタネツケバナの方言《ほうげん》によるよび名。クレソンに似た野菜で、からみがあり、刺身にそえられる。「杖《じょう》の淵《ふち》」という、きれいな水がわく泉《いずみ》で育つ。

愛媛県《えひめけん》

日当りがよくてあたたかく、瀬戸内海《せとないかい》に面しただんだん畑で、ミカンがさかんにつくられています。キウイは日本一の生産量。佐田岬《さだみさき》では岬《はな》アジ、岬サバの一本釣《づ》りが、内海《うちうみ》ではヒオウギガイの養殖《ようしょく》がさかんです。

地域《ちいき》に受けつがれてきた行事食

ふくめん　祝いごと

ふくめんとは、あまからく煮《に》たこんにゃくの千切り（または糸こんにゃく）の上に、赤と白に色づけしたそぼろ*と、みじん切りにした黄色い陳皮《ちんぴ》（ミカンの皮を乾燥《かんそう》させたもの）、緑のネギの４種類を４等分にこんもりともりつけた料理。こんにゃくが見えなくなるまで、具でおおいかくすところから「ふくめん」とよばれるようになったという。宇和島《うわじま》地方では、あざやかな色合いのふくめんが祝いごとに欠かせないものとなっている。

*焼いたり蒸《む》したりした魚肉《ぎょにく》をほぐして塩、砂糖《さとう》などで味をつけた食品。

フカの湯ざらし　冠婚葬祭《かんこんそうさい》

愛媛県西部、佐田岬半島以南の豊後水道《ぶんごすいどう》に面する宇和海では、一年じゅうフカ（サメ）がとれる。フカは売りものにはならないが、むかしから漁師などが酒のさかなとして好んで食べてきた。ゆでて白くなった身を水でさらして酢《す》みそをつけて食べるのが、フカの湯ざらし。ご飯のおかずにもあう。現在では宇和海に面する愛媛県の南西、宇和島地方で、冠婚葬祭には欠かすことのできない料理となっている。

中央にもられているのがフカの湯ざらし。

りんまん　ひな祭り

りんまんは、松山《まつやま》地方の家庭でむかしから手づくりされている蒸したもち菓子《がし》。りんまんの「りん」は鱗《りん》と書き、魚のうろこを意味する。もちの上に着色した赤・黄・緑の米つぶで魚のうろこに見立てたかざりつけをするのが特徴《とくちょう》。ひな祭りのときにおひな様にそなえたり、花見弁当のなかに入れたりする。

こんなのもあるよ！

・愛媛県の給食・

西条《さいじょう》市内の小学校
（愛媛県西条市）

小松菜とエノキのさっと煮
西条市でさかんにつくられている小松菜とエノキダケをしょうゆとみりんでさっと煮たもの。

えびつくね
瀬戸内海沿岸《えんがん》で、初夏から秋にかけてとれる地エビでつくったつくね。

いもだき
西条市では8月中旬《ちゅうじゅん》から9月末にかけて、河原《かわら》でサトイモを煮《に》る伝統行事「いもだき」がおこなわれる。給食ではさらに具だくさんの煮物になっている。

ぶどう
地元西条市でつくられたブドウ。皮と実のあいだがとくにあまいので、皮ごと食べる。

黒米《くろこめ》ご飯
黒米は「古代米」とよばれる色のついたもち米のひとつで、栄養価が高い。

愛媛県で有名な特産物

温州《うんしゅう》みかん

愛媛県は、ミカン（単に「ミカン」といえば「温州みかん」をさす）、イヨカン、ハッサク、ネーブルオレンジなどの柑橘類《かんきつるい》の一大産地。八幡浜《やわたはま》市の「日の丸みかん」は農産物の最高栄誉《えいよ》である天皇杯《てんのうはい》など数かずの賞にかがやいた。4~6月に旬《しゅん》をむかえるあまいミカン「清見《きよみ》タンゴール」の栽培《さいばい》もさかんだ。

加工品の種類も多い。

タイ

日本一

タイは、「めでたい」という言葉にも通じることから縁起《えんぎ》がよいとされ、すがた形も味もよい。とくに、豊後水道《ぶんごすいどう》のはやい潮流《ちょうりゅう》にもまれて育った天然《てんねん》のマダイは最高級品といわれている。宇和海《うわかい》の養殖《ようしょく》マダイも有名で、日本一の生産量をほこる。

鯛《たい》めし。

じゃこ天

宇和海でとれるさまざまな小魚を、まるごとすり身にして小判型に整え、油で揚《あ》げたものがじゃこ天。白身だけをつかうものより、魚のうまみが味わえるという。はらんぼ（正式名称《めいしょう》／ホタルジャコ）という小魚でつくるじゃこ天が、とくにおいしいといわれている。雑魚《ざこ》（ざこ→じゃこ）からできた天ぷらということから、じゃこ天となった。

タルト

タルトは、うすく焼いたカステラの生地《きじ》にあんこをぬってまいたロールケーキ。江戸《えど》時代にポルトガルのロールケーキをまねてつくられたといわれる。ゆず風味《ふうみ》のあんや、きざんだクリを入れたあん、みかんゼリーをまいたものなど、いろいろな種類がつくられている。

塩

年間をとおして雨の少ない瀬戸内《せとうち》地方では、古くから塩づくりがさかんだった。松山《まつやま》市にある伯方塩業《はかたえんぎょう》という会社がつくる「伯方の塩」は、メキシコやオーストラリアから輸入した天日《てんぴ》海水塩*を瀬戸内海《せとないかい》の海水でとかし、もう一度煮《に》つめて再結晶《さいけっしょう》させた塩。輸入した天日海水塩をバランスよく利用《りよう》することで、必要な量の塩を生産、出荷《しゅっか》している。

*自然の風や太陽光で時間をかけて水分を蒸発《じょうはつ》させた塩の結晶。

にがり成分がうまみをだす。

高知県《こうちけん》

高知県は、四国《しこく》の南部にある東西に長い県です。北に四国山地がつらなり、南は太平洋《たいへいよう》に面して海岸線が長くつづきます。山地が多く、土佐湾《とさわん》ぞいにわずかに平野があります。近くの海をあたたかい黒潮《くろしお》が流れているため、1年を通してあたたかく、ビニルハウスでナスなどの野菜づくりが行われています。漁業《ぎょぎょう》もさかんで、カツオを使った料理が有名です。

人と風土が守り育てた 伝統野菜《でんとうやさい》

十市《とおち》ナス

産地 南国《なんこく》市

南国市十市でつくられている小ナス。江戸《えど》時代、いまの和歌山県からナスが入って栽培《さいばい》がはじまり、いろいろな種類《しゅるい》のナスがうまれた。濃《こ》い紫《むらさき》と白に色が分かれるのが特徴《とくちょう》。

十市在来《とおちざいらい》シシトウ

産地 南国市、香美《かみ》市、香南《こうなん》市など

むかし、京都から種《たね》がもちこまれ、南国市付近でつくられるようになった。シシトウの名前は実の先の形が獅子《しし》（ライオン）の頭に似ていることからつけられた。

弘岡《ひろおか》カブ

産地 高知市

明治《めいじ》時代からつくられてきたカブ。半月の形に切って甘酢《あまず》につけ、すし飯《めし》をつめた郷土《きょうど》料理の「カブずし」にするほか、べったら漬《づ》けなどにもする。

［凡例］
郷土料理　伝統野菜　行事食　特産物
※❶〜❿については『資料編』51ページで解説《かいせつ》しています

これからも伝えていきたい 郷土料理《きょうどりょうり》

田舎《いなか》ずし

タケノコ、シイタケ、ミョウガ、コンニャクなど山からの材料を使った、色とりどりのすし。ノリやコンブが手に入りにくかった時代から、山あいの地域《ちいき》で行事のときなどにつくられてきた。高知で「りゅうきゅう」とよばれるハスイモを入れたり、すし飯にユズ酢《す》を加えたりする。

酒盗《しゅとう》

カツオ漁で有名な高知県は、かつお節《ぶし》の生産がさかん。「酒盗」は、かつお節をつくるときにあまった内臓《ないぞう》を、半年ほど塩に漬けて、酒やみりんなどで味つけしたもの。これを食べながら酒をのむと、おいしいので、酒を盗《ぬす》んでまでのみたくなることから、こうよばれるようになった。

カシ豆腐《どうふ》(かしきり豆腐)

「かしきり」は、アラカシの木の実でつくる豆腐《とうふ》のこと。朝鮮《ちょうせん》半島から伝わり、むかしから山地で食べられてきた料理で、いまは安芸《あき》市だけにのこっている。干《ほ》したアラカシの実をつぶして粉《こな》にし、水を加えて煮《に》た汁《しる》を型に入れてかためる。酢みそをかけて食べる。

高知県《こうちけん》

高知県ではあたたかい気候を利用して、多くの農作物がつくられています。ナスやショウガ、ユズ、ミカンのなかまの大きなブンタンは日本一の生産量です。四万十川《しまんとがわ》でとれるアユ、土佐《とさ》のカツオの一本釣りは有名です。

地域《ちいき》に受けつがれてきた行事食

皿鉢《さわち》料理　冠婚葬祭《かんこんそうさい》

高知県で冠婚葬祭などの席に欠かせないのが皿鉢料理。丸い大皿にさまざまな料理がのせられてテーブルにならぶ。カツオやウツボのたたき、タイやハマチの刺身《さしみ》など生《なま》の料理がもられる皿や、すしや天ぷら、から揚《あ》げ、煮物《にもの》、ようかんなどがもりつけられる皿などがある。タイやそうめん、みつまめ、果物《くだもの》などが皿鉢にくわえられることもある。小皿に好きな料理をとって食べる。

山椒《さんしょう》もち　お盆《ぼん》

佐《さ》川《かわ》町でお盆につくられるもち。山椒の実を天日《てんぴ》で干《ほ》すと、皮がはじけて種がとれる。皮を保存《ほぞん》しておき、もちをつくるときに石臼《いしうす》でひいて粉にする。塩、砂糖《さとう》を鍋《なべ》でとかして冷《さ》ましたものに、ひいた粉ともち米の粉をまぜあわせてこね、蒸《む》してから石臼でつく。丸めないで四角くして保存するところから、砥《と》石《いし》（ほうちょうなどを切れやすくするための研ぎ石）ともよばれている。

こけら寿司《ずし》　祝いごと・祭り

高知県東部の東洋《とうよう》町で、祝いごとや祭りのときにつくられる五段重《ごだんがさ》ねのすし。焼いた魚の身をほぐし、ゆず酢《す》に漬《つ》け、ご飯とまぜてすしめしをつくる。四角い箱に、すしめしをしき、シイタケ、ニンジン、ニンジンの葉、うす焼きたまごをならべる。この作業をくりかえし、いちばん上に重石《おもし》をのせて数時間待てば、こけら寿司ができあがる。喜びごとが重なるようにとの思いがこめられている。

こんなのもあるよ！

・高知県の給食・

高知市立初月《みかづき》小学校
（高知県高知市南久万《みなみくま》）

高知の夏野菜サラダ

地元でとれた高知県名産のピーマン、キュウリ、グリーンアスパラ、トマトをつかったサラダ。

ご飯

高知県産コシヒカリ米100%のご飯。高知では、2学期から新米が給食に出る。

土佐和牛のハンバーグ・デミグラスソース

土佐和牛のミンチをつかったハンバーグ。

りゅうきゅう入りそうめん

りゅうきゅうはハスイモともよばれ、茎《くき》の部分を食べる野菜。食物繊維《しょくもつせんい》が豊富で、高知ではしたしまれている。うすい輪切りになっているのがりゅうきゅうで、地元産。つゆをかけて食べる。

高知県で有名な特産物

カツオ

中土佐町《なかとさ》のカツオの一本釣《づ》り*に代表されるように、高知県といえば日本有数のカツオの産地だ。春、黒潮《くろしお》にのって土佐湾沖《わんおき》を北へ向かう若《わか》いカツオのことを初がつお、秋、成長して南に下ってくる脂《あぶら》ののったカツオのことをもどりがつおとよぶ。刺身《さしみ》にする前に火で表面をあぶるカツオのたたきが有名。

*網《あみ》などをつかわず、カツオの群れから1尾《び》ずつ釣竿《つりざお》で釣る漁法。

しょうがじょうゆで食べるたたき。

アユ

四万十川《しまんとがわ》をはじめ、仁淀《によど》川《がわ》、安田川《やすだがわ》、物部川《ものべがわ》など高知県にはアユの遡上《そじょう》*する清流が数多くある。伝統漁法「火振《ひぶ》り漁《りょう》」が有名。夏の夜、小船に乗って川の上で松明《たいまつ》の火をふり、火におどろいたアユを網に追いこむ漁法。アユは独特のかおりをもつところから、「香《かおり》魚《うお》」ともよばれる。

*冬のあいだ、海ですごしたアユが、春、産卵《さんらん》のためにうまれた川にもどってくること。

保冷技術の向上で全国にとどく。

川のり

四万十川や仁淀川の河口の、海の水と川の水がまじりあう汽水域《きすいいき》とよばれる場所で育つ川のり。水の透明度《とうめいど》が高く、太陽の光が川底までとどくところでなければ育たない。乾燥《かんそう》させた川のりを、そのままご飯にかけたり、みそ汁《しる》やうどんに入れたりする。天ぷらやあえ物、佃煮《つくだに》にすることもある。

採取されたあと、外気で乾燥させる。

ユズ

日本一

高知県は日本一のユズの産地。全国の生産量の4割《わり》を占《し》める。なかでも馬路《うまじ》村は、手しぼりでつくられる天然果《てんねんか》汁《じゅう》100%のゆず酢《す》、ポン酢しょうゆ、皮からつくるマーマレードなど、ユズの加工品を数多く開発したことで有名。住民の数がへりつづけていた馬路村は、「ユズの村」として活気をとりもどした。

最近では化粧品《けしょうひん》への利用もすすんでいる。

ナス

日本一

高知県はナスの生産高で日本一。温暖《おんだん》な気候を生かして安芸《あき》市を中心に、ナスのハウス栽培《さいばい》がはやくからさかんだった。県内でつくられている多くの種類のナスのうち、代表格は中型で、濃紺《のうこん》が美しい高知ナス。煮物《にもの》や漬物《つけもの》、焼物といろいろな種類の料理につかわれる。最近では室戸岬沖《むろとざきおき》でとれる海洋深層水《しんそうすい》をつかった栽培もさかん。ナスのアクが少なくなり、あまくなるといわれる。

福岡県《ふくおかけん》

福岡県は、北は日本海《にほんかい》、東は瀬戸内海《せとないかい》、西は有明海《ありあけかい》に面しています。県の中央に筑紫《つくし》山地があり、その北と南に平野が広がっています。日本海側は冬に雪がふることもありますが、全体にあたたかい気候です。とりの骨（ガラ）でスープをとる水炊《みずた》きやラーメンなど、かつて人の行き来がさかんだった中国《ちゅうごく》や朝鮮《ちょうせん》半島から伝わった料理ものこっています。

これからも伝えていきたい 郷土料理《きょうどりょうり》

せいろ蒸《む》し

江戸《えど》時代の終わりごろ、江戸で人気のうなぎの蒲《かば》焼きから考えだされた柳川《やながわ》の名物料理。かためにたいたごはんにたれをかけて「せいろ」とよばれるものでむした後《あと》、たれをつけて焼いたうなぎをのせ、またむしてつくる。できあがりに細く切ったたまご焼きをのせる。

おきゅうと

オゴノリという海藻《かいそう》を煮《に》て、冷しかためたもので、博多《はかた》では江戸時代から親しまれてきた食べ物。たんざく型に切り、ゴマやきざんだネギ、ポン酢《ず》やしょうゆをつけて食べる。むかし、作物がとれなかった年に人々をすくったので「救人《きゅうと》」と名づけられたといわれている。

水炊《みずた》き

とりの骨（ガラ）をゆでて、白いスープをつくり、その中にとり肉や野菜を入れて食べる鍋《なべ》料理。最後にごはんとたまごを入れて雑炊《ぞうすい》にすることも多い。西洋のコンソメスープと中国料理のとりガラスープをヒントに明治《めいじ》時代に博多のお店でうまれた料理で、ここから全国に広まった。

三池高菜《みいけたかな》

産地 大牟田《おおむた》市

明治時代に中国の四川《しせん》省からとりいれられ、その後、三池地方（いまの大牟田市周辺）でつくられるようになった。秋に種《たね》をまき、4月に収穫《しゅうかく》する。おもに「高菜《たかな》漬け」にする。

人と風土が守り育てた 伝統野菜《でんとうやさい》

山潮菜《やましおな》

産地 久留米市《くるめ》

むかし、築後川《ちくごがわ》の洪水《こうずい》で上流から種が流れてきたといわれている。「山くずれ」を方言で「山潮《しお》がおきた」ということからこの名がついた。ツンとするからみがあり、漬物《つけもの》などにする。

大葉《おおば》シュンギク

産地 北九州市《きたきゅうしゅう》

葉はやわらかめで、葉にギザギザがなく丸みがある。山口県の下関《しものせき》から北九州に伝わったという野菜で、鍋料理に欠かせない。にがみが少なく湯にサッと入れただけで食べられる。

福岡県《ふくおかけん》

福岡は、「あまおう」をはじめとするイチゴの一大産地です。小麦でも全国有数の生産量をほこり、米の栽培《さいばい》もさかんです。玄界灘《げんかいなだ》や有明海《ありあけかい》では、タイやフグなど多くの魚介類《ぎょかいるい》がとれるなど、海の幸《さち》にもめぐまれています。

地域《ちいき》に受けつがれてきた行事食

がめ煮《に》　正月・祝いごと

がめ煮は、九州以外の地域で「筑前煮《ちくぜんに》」とよばれることが多い。ダイコン、ゴボウ、ニンジンなどの野菜と、こんにゃくやとり肉などの材料を大きめに切って、しょうゆやみりん、砂糖《さとう》などで汁《しる》がなくなるまで煮こんだもの。いろいろな材料が入っているので、博多《はかた》の方言の「がめくる」(いろんなものを寄せあつめる)が名前の由来《ゆらい》になったとされている。また、豊臣秀吉《とよとみひでよし》の時代、朝鮮《ちょうせん》に出兵した兵士が、がめとよばれるスッポンと野菜を煮こんで食べたのがはじまりともいわれている。福岡では正月の定番料理として食べられている。

博多雑煮《はかたぞうに》　正月

博多雑煮は、正月につくられる福岡の伝統的な雑煮。焼きアゴ(焼いたトビウオの干物《ひもの》)でだしをとったしょうゆ味の汁に、だしで煮たブリと、ゆでたかつお菜《な》のほかにシイタケやサトイモ、ニンジン、ダイコンなどがはいる。かつお菜はアブラナのなかまで、博多に古くからある野菜といわれる。茎《くき》にかつお節の風味があることから、かつお菜の名前がついた。

ごろし　川渡祭《かわたりさい》

ごろしは、小麦粉を塩とぬるま湯でこねて小さく丸め、うすくひきのばしてゆでたもち菓子《がし》。食べるときに黒砂糖やきなこをつける。小麦粉にカボチャをまぜたものは「かぼちゃごろし」、サツマイモをまぜたものは「いもごろし」とよばれる。筑後《ちくご》地方の久《く》留米《るめ》市に伝わる川渡祭のときに食べられ、この地域ではふだんのおやつとしても食べられてきた。あまった場合には、みそ汁の具になることもある。

こんなのもあるよ！

・福岡県の給食・

福岡市立東光《とうこう》小学校
(福岡県福岡市博多)

アサリの佃煮《つくだに》
しょうゆ味で煮つけたアサリの佃煮。

ご飯
地元でとれた「ひのひかり」米をたいたご飯。福岡市では月に1～2回、地元でとれた米をたいたご飯が出る。

牛乳
福岡県産の牛乳。

キビナゴの天ぷら
青のりをまぜた衣《ころも》をつけてキビナゴをカラッと揚《あ》げたもの。

水たき
水たきは、博多から全国にひろまった鍋《なべ》料理。コンブでとっただしで野菜ととり肉を煮て、最後にしょうゆ味をつけて、カボスでかおりをつける。

福岡県で有名な特産物

辛子明太子《からしめんたいこ》

辛子明太子は、産卵《さんらん》前のスケトウダラ（メス）のおなかからとれた「タラコ」に、トウガラシをおもな原料とするからい調味液で味つけしたもの。韓国語《かんこくご》でスケトウダラを「明太（ミョンテ）」といい、「明太」の子なので「明太子」とよばれるようになった。

スケトウダラは、大きいものでは1mぐらいになる。

イチゴ

福岡県はイチゴの生産量で、栃木《とちぎ》県についで全国第2位。いろいろな種類のイチゴがつくられている福岡で、代表格は「博多《はかた》あまおう」。福岡だけでつくられているイチゴで、ほかの地域《ちいき》でつくられるイチゴとくらべて2倍ぐらい大きい。「あまい・まるい・おおきい・うまい」の頭文字《かしらもじ》をとって「あまおう」と名づけられた。

タケノコ

全国でも最大規模の竹林がある福岡県は、日本有数のタケノコの生産地。なかでも、北九州《きたきゅうしゅう》市小倉南《こくらみなみ》区でとれる「合馬《おうま》たけのこ」は有名で、高級食材として地元をはじめ、京都《きょうと》や大阪《おおさか》などで人気が高い。やわらかく、タケノコ独特のあくが少ないので、揚《あ》げたり、焼いたりして食べるほか、生《なま》でも食べることができる。

鶏卵素麺《けいらんそうめん》

鶏卵素麺は、たまごの黄身《きみ》だけをときほぐし、氷砂糖《こおりざとう》などをとかして煮《に》たたせた蜜《みつ》のなかに細く流しいれて、かたまったところでひきあげてつくるお菓子《かし》。黄身が麺《めん》のように細くかたまるので、鶏卵素麺とよばれる。安土桃《あづちもも》山《やま》時代に、ポルトガルから伝わったといわれる。カステラをさらにあまくしたような味で、結婚式《けっこんしき》でくばられたり、お茶会の菓子としてよく食べられる。

八女茶《やめちゃ》

八女茶とは福岡県内でつくられているお茶のブランド名。鎌倉《かまくら》時代に僧侶《そうりょ》が茶の種を中国からもち帰り、15世紀ごろから福岡県南部（現在の八女市あたり）で栽培《さいばい》が広まった。日中の気温が高く、夜間は冷えこむため、茶の新芽を守る霧《きり》が発生しやすく、お茶の栽培に適している。八女茶はかおりが高く、味がこいことで知られる。

4月下旬《げじゅん》から出る新芽が新茶となる。

佐《さ》賀《が》県《けん》

佐賀県は、九州《きゅうしゅう》の北西部にあり、北が日本海《にほんかい》、南が有明《ありあけ》海《かい》に面しています。東松浦《ひがしまつうら》半島が日本海につきだし、県の北側は山がちで、南側は広い佐賀平野になっています。有明海は日本最大の干潟《ひがた》（潮が引いたときだけ陸になる土地）で、めずらしい生物がすんでいます。干潟にいる魚ムツゴロウの料理や日本海でとれるイカの料理などが有名です。

むつごろうの蒲焼《かばやき》

ムツゴロウは、有明海の海辺《うみべ》の海水《かいすい》の引いたところにすむ魚。日本では、有明海と八《やっ》代海《しろかい》にしかいないといわれている。外見は変わっているが、味がよい魚とされる。串《くし》にさしたムツゴロウをあまからいたれにつけて焼く。身がほどよくしまっており、頭から尾《お》まですべて食べられる。

これからも伝えていきたい 郷土料理《きょうどりょうり》

呼子《よぶこ》のいか料理(活《い》きづくり)

呼子はイカで有名な港町《みなとまち》。海からとってきたばかりの透明《とうめい》なイカを、新鮮《しんせん》さをたもつようにくふうして生きたまま刺身《さしみ》にする。使うのはケンサキイカが多く、無色ですきとおった刺身になり、コリコリとした歯ごたえがある。あまめの刺身じょうゆにつけて食べる。

須古《すこ》すし

白石《しろいし》町須古地区に、500 年以上前から伝わる箱寿司《はこずし》。米にもち米を 1 割ほど加えた酢《す》めしを箱につめ、約 10cm ごとにくぎり、ムツゴロウやシイタケ、たまご、奈良漬《ならづ》け、ゴボウなどを色とりどりにのせる。室町《むろまち》時代、須古の人たちが殿様《とのさま》に感謝《かんしゃ》の気持ちでおくったのがはじまりという。

女山《おんなやま》ダイコン

産地 多久《たく》市

江戸《えど》時代から、いまの多久市にある女山でつくられてきた。土から出ている部分が赤紫色《あかむらさきいろ》になる赤首《あかくび》ダイコン。大きいものは長さ80cm、重さ10kg以上になる。あまみが強い。

佐賀青《さがあお》シマウリ

産地 佐賀市、多久市一帯

シロウリの一つで、多久あたりで古くからつくられてきた野菜。歯ごたえがよく、酒かすにつけた漬物《つけもの》は、佐賀県の特産品「青しまうり漬《づけ》」として有名である。

人と風土が守り育てた
伝統野菜《でんとうやさい》

和《わ》ビシ

産地 神埼《かんざき》市

ヒシは、もともと沼《ぬま》や池にはえていた水草《みずくさ》。かたい皮におおわれた白い実を、塩でゆでるとクリのような味になり、おいしい。神埼では、和ビシから焼酎《しょうちゅう》もつくっている。

佐賀県《さがけん》

佐賀県は二毛作《にもうさく》ができる温暖《おんだん》な気候で、米や小麦、大麦などの穀類《こくるい》を多く生産します。タマネギや大豆《だいず》などの野菜の栽培《さいばい》もさかんです。有明海《ありあけかい》ではノリや貝類、玄界灘《げんかいなだ》ではサバやエビがとれ、アワビも養殖《ようしょく》されています。

地域《ちいき》に受けつがれてきた行事食

くんち料理　唐津《からつ》くんち祭り

唐津神社の秋季例大祭「唐津くんち」は400年つづく唐津最大の伝統行事。もとは9のつく日（「くんち」）に、豊作を祝っておこなわれた祭りだともいわれる。このときにふるまわれるもてなし料理を「くんち料理」という。客が何人来てもいいように、大量につくる。3か月分の収入《しゅうにゅう》をつかうというほど豪華《ごうか》なため、「三月倒《みつきだお》れ」のごちそうともいわれる。用意される料理の種類は家庭によってちがうが、一日かけてじっくりと煮《に》るアラ*という大きな魚の姿煮《すがたに》は欠かせない。

豪華なくんち料理。
手前の大きな魚がアラ。

にぎやかな唐津くんちのようす。

*正式名称《めいしょう》はクエ。体長が大きいもので1mをこえる。

おくんちにごみ　伊万里《いまり》の秋祭り

伊万里市で毎年10月におこなわれる「伊万里トンテントン祭り」は、伊万里のおくんち。このとき欠かせない料理が「にごみ」といわれる煮こみ料理だ。一晩《ひとばん》水につけた小豆《あずき》と、レンコン・ゴボウ・ニンジン・クリなどをいっしょにみそで煮こむ。秋に収穫《しゅうかく》したものを神にささげるという目的からはじまったという。

ふなんこぐい　二十日《はつか》正月

鹿島《かしま》市の郷土《きょうど》料理。フナにコンブをまきつけて、ダイコンやレンコンなどといっしょに煮こんでつくる、みそ味の煮魚料理。正月の祝いおさめとなる1月20日の「二十日正月」にあわせて、毎年1月19日の早朝の鹿島には「フナ市《いち》」が立つ。この市でフナを買い、一昼夜かけて12時間以上煮こむ。できあがったら、福の神の恵《え》比寿《びす》さんにおそなえして、商売繁盛《はんじょう》・無病息災《むびょうそくさい》を祈《いの》る。

こんなのもあるよ！
・佐賀県の給食・
嬉野《うれしの》市内の小学校
（佐賀県嬉野市）

いちご羊羹《ようかん》
佐賀県の伝統菓子《がし》に「小城《おぎ》羊羹」があることから、給食用に考えだされた羊羹。小豆のあんと、佐賀県産のいちごが組み合わされている。

冬瓜《とうがん》のうまかみそだれ
やわらかく煮た冬瓜に佐賀県産の大豆《だいず》、レンコン、とり肉、インゲンをのせ、みそで味つけしたたれをかけて食べる。

つんきいだご汁《じる》*
嬉野市塩田《しおた》町に伝わる郷土料理のひとつ。地元でとれる季節の野菜と、だしにクジラをつかっている。

お茶ご飯
一日の温度差が大きく、水はけのよい嬉野市では良質な茶がとれる。その茶の粉《こな》をたきあがったご飯にまぜ、いりたまごと佐賀県産のりをふりかけたご飯。

*クジラ肉と小麦粉のだんごを入れた伝統料理。水でねった小麦粉を手でちぎって入れたものが「つんきいだご汁」、うどん状にして入れると「のべだご汁」になる。みそ味としょうゆ味がある。

佐賀県で有名な特産物

のり

有明海《ありあけかい》は日本でもっともはやくからのりの養殖《ようしょく》をはじめたところで、日本一ののりの生産地になっている。のりは海草の一種で、海に杭《くい》をさしこみ、あいだに網《あみ》をはる養殖方法でつくられている。有明海はいちばん深いところでも20mほどしかない遠浅《とおあさ》の海のため、養殖には最適である。干潮《かんちょう》・満潮《まんちょう》の差が大きく、太陽の光を浴びる時間が長いため、のりのうまみが増すという。

有明海に面した鹿島《かしま》市ののりの養殖場。

有明海《ありあけかい》の珍味《ちんみ》

有明海の沿岸《えんがん》には、河川《かせん》の栄養分をたっぷりとりこんだ土壌《どじょう》があり、ここにしかいないめずらしい生き物が多い。ハゼのなかまで、干潟《ひがた》ではねるムツゴロウは、しょうゆ・みりん・砂糖《さとう》のたれをつけて蒲焼《かばやき》にする。長い水《すい》管《かん》をもつウミタケという貝は、酒粕《さけかす》に漬《つ》けこんで、焼いて食べ、大型の二枚貝《まいがい》のタイラギは、刺身《さしみ》や天ぷら、干《ほ》し貝柱にして食べる。

むかし、有明海では潮《しお》の満ち引《ひ》きを利用して、小屋からたらした網で漁《りょう》をした。

清見《きよみ》みかん

清見みかんは温州《うんしゅう》みかんと外国のオレンジをかけあわせたみかん。あまずっぱいミカンの果汁《かじゅう》と、オレンジのかおりがひとつになっている。食べるときは、オレンジのようにくし形に切ると食べやすい。昭和《しょうわ》52年に、日本最初の交配みかんとして佐賀県でうまれた。

ざる豆腐《どうふ》

豆腐の原料である大豆《だいず》の生産量で、佐賀県は北海道《ほっかいどう》につぐ全国2位。佐賀のざる豆腐は、唐津《からつ》産の大豆「フクユタカ」を使用し、ニガリを入れてかたまりかけた豆乳を、そのまま竹ザルですくいとって水分を切ってつくる。水にさらさないため大豆の風味がこく、舌ざわりがしっかりしているのが特徴《とくちょう》。200年以上前の江戸《えど》時代からつくられつづけている。

丸ぼうろ

丸ぼうろはたまごと砂糖《さとう》と水でつくった小さめの焼き菓子《がし》。クッキーに似ていて、佐賀の郷土《きょうど》菓子として親しまれている。もともとはポルトガルの船員の保存食《ほぞんしょく》。「丸ぼうろ」の名前は、13世紀にアジアを旅したイタリア人のマルコ・ポーローからとったともいわれている。

人と風土が守り育てた伝《でん》統《とう》野《や》菜《さい》

雲仙《うんぜん》こぶ高菜《たかな》

産地 雲仙市吾妻《あづま》町地区

くきに親指のようなコブができる野菜。歯切れがよく、コブの部分はとくにおいしい。むかし、吾妻町の人が中国から種をもち帰ったのがはじまり。漬物《つけもの》や油炒《いた》めにあう。

長崎赤かぶ

産地 長崎市木場《こば》町ほか

カブは赤紫色《あかむらさきいろ》だが、下の方が少し白っぽくなっている。酢漬《すづ》けなどにして食べる。育ちがはやく、種《たね》をまいて45～90日でとれる。

長崎はくさい

産地 長崎市木場町・田手原《たでわら》町ほか

中国野菜のターサイの仲間《なかま》。明治《めいじ》10年ごろから長崎市で栽培《さいばい》がはじまり、「唐人菜《とうじんな》」ともよばれている。唐人は中国人という意味。漬物、鍋《なべ》もの、雑煮《ぞうに》などに使われる。

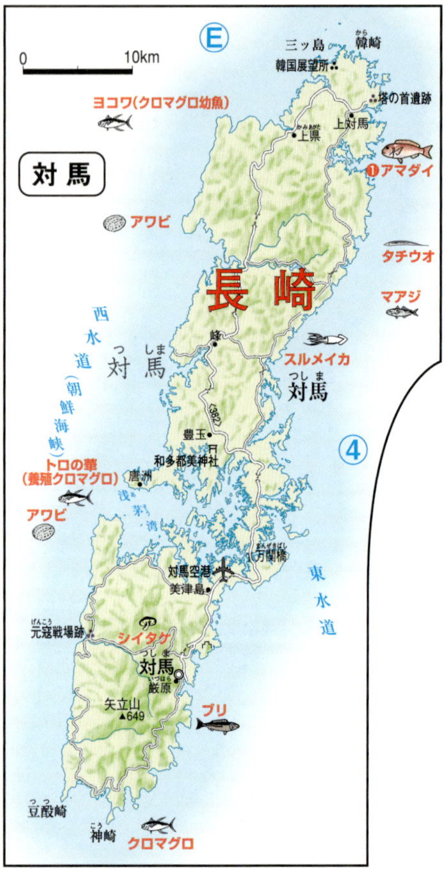

卓袱《しっぽく》料理

「卓袱」は、布をかけた丸いテーブルのこと。江戸時代のはじめ、貿易のため長崎に住んでいた中国人やオランダ人の料理をもとにしてできた、おもてなし料理。大皿にもった刺身《さしみ》や豚角《ぶたかく》煮、長崎天ぷらなど、10種類以上の和風や中華《ちゅうか》風、西洋風の料理を、みんなでとりわけながら食べる。

ヒカド

ヒカドは、ポルトガル語で「こまかく切る」という意味で、小さく切った野菜や肉、魚が入ったシチュー。すりおろしたサツマイモでとろみをつける。むかし、長崎に来たポルトガル人が、パンを入れてとろみをつけていたのをサツマイモにかえてできた料理といわれている。

長崎県《ながさきけん》

長崎県には多くの半島と五島列島《ごとうれっとう》など約600もの島があり、海岸線の長さは日本で第2位です。江戸《えど》時代の日本では、長崎の出島《でじま》というところで中国やオランダとの貿易《ぼうえき》が行われていました。外国から伝わった料理をもとに長崎ならではの郷土《きょうど》料理がうまれ、「ヒカド」「カステラ」「カスドース」といった料理や菓子《かし》には、ポルトガル語などから名前がついています。

[凡例]
郷土料理　伝統野菜
行事食　特産物
※❶～❿については『資料編』53ページで解説《かいせつ》しています

ちゃんぽん・皿《さら》うどん

明治時代、長崎で中華料理店を開いた中国人がつくったのがはじまり。野菜くずや肉の切れはしを炒めてスープで煮ためん料理を「ちゃんぽん」というようになった。同じ材料を使ったスープのないものは「皿うどん」といい、のちに肉や魚介《ぎょかい》、野菜などをのせるようになった。

長崎県《ながさきけん》

長崎県は一年を通して温暖《おんだん》で、ビワの生産高が日本一、ジャガイモも多く生産されています。海の幸にもめぐまれ、高級魚のクエのほか、有明海《ありあけかい》ではフグやワタリガニがとれ、諫早《いさはや》市ではスッポンの養殖《ようしょく》もさかんです。

地域《ちいき》に受けつがれてきた行事食

具雑煮《ぐぞうに》　正月・祝いごと

具雑煮は、島原《しまばら》半島地域で正月などの祝いごとがあるときに食べる雑煮。江戸《えど》時代に起きた島原・天草一揆《あまくさいっき》で、一揆軍の大将《たいしょう》、天草四郎《あまくさしろう》が城《しろ》に立てこもったときの食料として、もちのほか、山や海のいろいろな食材をもちこんで雑煮にしたのがはじまりといわれている。丸もちのほかには、とくにきまった具はなく、ブリ、エビ、かまぼこ、きざみコンブなどの海の食材や、ヤマイモ、ゴボウ、レンコン、ニンジン、ハクサイ、ダイコン、シュンギク、サトイモ、シイタケなどの山の幸に、とり肉や凍《こお》り豆腐《どうふ》などを入れて、しょうゆ味で煮《に》こむ。

大村寿司《おおむらずし》　祝いごと

大村寿司は、大村市に伝わる角寿司《かくずし》ともよばれる押《お》しずし。二段重《にだんがさ》ねの酢《す》めしのあいだと上の部分に、白身魚《しろみざかな》を酢でしめてこまかく切ったものや、しょうゆと砂糖《さとう》であまからく煮た野菜の具をおく。いちばん上に錦糸《きんし》たまごをのせ、重石《おもし》をしたところで切りわける。戦国《せんごく》時代に大村藩主《はんしゅ》が戦いで勝利をおさめたときに、領民が兵たちにふるまった祝いの料理がはじまりといわれている。

かんころもち　正月

かんころもちは五島《ごとう》列島の伝統食で、正月などの祝いもちとして食べられた。かんころとは、サツマイモ（甘《かん》藷《しょ》）をうすく輪切りにし、ゆがいて天日《てんぴ》に干《ほ》したもので、このかんころと蒸《む》したもち米をいっしょについたものを「かんころもち」という。もちのように火にあぶって食べる。食料が少なかった時代に、高価なもち米にサツマイモをまぜて量をふやそうとしたのがはじまり。

こんなのもあるよ！

・長崎県の給食・

長崎市立仁田《にた》小学校
（長崎県長崎市西小島《にしこじま》）

干し大根の煮物
長崎県産のゆで干し大根をつかった煮物。揚《あ》げたかまぼことニンジンを、いっしょにうす味で煮たもの。

さばのみそ煮
長崎で水揚《みずあ》げされたサバをつかったショウガ風味のみそ煮。

ご飯
県内の水のきれいな地域でつくられた、長崎のブランド米「ながさきにこまる」のご飯。

具雑煮
長崎県産のとり肉やニンジン、ハクサイ、サトイモ、凍り豆腐、もちなど、たくさんの具材が入った長崎の郷土《きょうど》料理。

長崎県で有名な特産物

ビワ

日本一

長崎県は東シナ海に面した温暖《おんだん》な気候の土地で、ビワ栽《さい》培《ばい》に適している。ビワの生産量は全国の30%以上を占《し》め、日本一の生産量である。長崎のビワ栽培は江戸《えど》時代の終わりごろ、長崎の沿岸《えんがん》にあった出島《でじま》からもち帰られたビワの種が、現在の長崎市北浦《きたうら》町にまかれたことからはじまったと伝わる。

ジャガイモ

長崎県は温暖で、10〜23℃というジャガイモの生育に適した温度になる時期が長い。春と秋に2回収穫《しゅうかく》ができるため、ジャガイモの生産量は、北海道《ほっかいどう》についで全国2位。長崎での栽培は、400年前の江戸時代に長崎の出《で》島《じま》に出入りしていたオランダ人がもちこんではじまったと伝わる。イモの渡来地《とらいち》がジャガタラ（現在のインドネシアのジャカルタ）だったことから、「ジャガイモ」という名前がついた。

島原《しまばら》みそ

島原みそは、大豆《だいず》と麦こうじでつくる白みそ。麦こうじをつかって発酵《はっこう》・熟成《じゅくせい》させるので、麦こうじのあまいにおいが強い。塩分はひかえめ。色はうすい茶色で、麦の粒《つぶ》が残っている。

クルマエビ

クルマエビは熱帯から温帯の静かな湾内《わんない》や汽水域《きすいいき》で、浅い泥《どろ》のなかにすんでいる中型のエビ。干満《かんまん》の差が大きい有明海《ありあけかい》は、潮《しお》が引くと潟《かた》とよばれる砂泥《さでい》地帯ができて、クルマエビのすみかになる。青みをおびた灰色のからだには茶褐色《ちゃかっしょく》の縞模様《しまもよう》があり、からだをまげるとその縞模様が車輪《しゃりん》のように見えるので、車海老《くるまえび》とよばれている。

加熱調理《かねつちょうり》するとからだが赤くなる。

からすみ

長崎地方の出世魚《しゅっせうお》（→p6）として、祝いごとにつかわれるボラの卵巣《らんそう》を塩漬《しおづ》けして、天日《てんぴ》で乾燥《かんそう》させたもの。卵巣をもったボラの最盛期《さいせいき》は、10〜11月ごろ。日本には江戸時代の初期に中国から長崎にこの食べ方が伝わったといわれる。その形が唐《とう》*の国（むかしの中国）の墨《すみ》に似ていることから、唐墨《からすみ》といわれる。

*唐は「から」とも読む。

ダイコンのうす切りと食べることもある。

熊本県《くまもとけん》

熊本県は、東に九州《きゅうしゅう》山地、西に島原湾《しまばらわん》、八代海《やつしろかい》があり、南西に天草諸島《あまくさしょとう》があります。阿蘇山《あそさん》には、大むかしの火山活動でできた大きなくぼ地、カルデラがあります。火山灰《かざんばい》の土で栽培《さいばい》される高菜《たかな》が有名で、漬物《つけもの》にされています。火山灰の土が流れる白川《しらかわ》のまわりでとれるレンコンは栄養《えいよう》が多いといわれ、病気の殿様《とのさま》のために辛子《からし》レンコンという料理もつくり出されました。

これからも伝えていきたい 郷土料理《きょうどりょうり》

辛子《からし》レンコン

ゆでたレンコンの穴に辛子みそをつめ、たまごの黄身《きみ》の衣《ころも》をつけて油で揚《あ》げたもの。江戸《えど》時代、からだが弱かった肥後藩《ひごはん》の殿様に、お坊《ぼう》さんがレンコンをすすめたが、どろくさいといって食べなかった。そこでこの料理をつくったところ、これを食べた殿様は元気になったという。

馬刺《ばさ》し

馬の肉を刺身《さしみ》にして、おろしショウガや、ニンニク、ネギなどの薬味《やくみ》とともにしょうゆにつけて食べる。むかしの日本では、軍隊や農作業で使うために馬をたくさん飼《か》っていて、肉の値段《ねだん》も安かったが、いまでは馬の数が減り、馬肉《ばにく》の料理は高級品となっている。

人と風土が守り育てた
伝統《でんとう》野菜《やさい》

水前寺《すいぜんじ》モヤシ

産地 熊本市

水前寺や江津《えづ》湖の自然の湧水《わきみず》を利用してつくる大豆《だいず》モヤシで、25～30cmに育つ。健康と長生きを願って、正月の雑煮《ぞうに》用として古くから栽培されている。

阿蘇《あそ》タカナ

産地 阿蘇地方

自家用の漬物の材料として栽培されてきたカラシナの仲間《なかま》。阿蘇タカナはおもにくきの部分を使うことが特徴で3月の終わりから4月の終わりに、収穫《しゅうかく》して漬物にする。

鶴《つる》の子イモ

産地 高森《たかもり》町

郷土料理の高森田楽《でんがく》に使うサトイモ。古くからつくられていたが、戦後つくられなくなっていたものを復活させた。やや細長い形のイモで、11月のはじめごろに収穫する。

あかど漬《つ》け

あかどイモは阿蘇《あそ》地方でつくられているサトイモの仲間で、赤紫《あかむらさき》色のくきが特徴《とくちょう》。あかどイモのくきを漬けたあかど漬けは、歯ごたえがあり、独特《どくとく》の酸《す》っぱさがある。見た目が似ていて、同じようにショウガじょうゆで食べることから、「畑の馬刺し」ともよばれる。

熊本県《くまもとけん》

日当りがよく、一年を通してあたたかい熊本県は、ミカンやメロンの栽培《さいばい》がさかんで、全国でも有数のスイカの生産地です。天草《あまくさ》地方では、フグやアンコウ、イセエビ、アワビなど、魚介類《ぎょかいるい》が多く水揚《みずあ》げされます。

地域《ちいき》に受けつがれてきた行事食

つぼん汁《じる》　正月・祝いごと

つぼん汁は、人吉《ひとよし》・球磨《くま》地方に伝わる郷土《きょうど》料理。煮干《にぼ》しでだしをとり、ダイコンやゴボウ、サトイモなどの野菜にこんにゃくやとり肉、かまぼこなどを入れ、しょうゆとみりんで味をつけた汁物。もともとは秋祭りで食べられていたが、最近では正月や祝いごとがあったときにつくられる。たいていは、赤飯《せきはん》といっしょに食べられる。むかしは、深いつぼでつくられたため、「つぼの汁（つぼん汁）」とよばれるようになったという。

かすよせ　祭り

山都《やまと》町に伝わる郷土料理で、村祭りや人が集まるときのもてなし料理。大豆《だいず》を煮《に》てすりつぶし、ダイコンやニンジン、ハクサイ、シイタケ、サトイモなどといっしょにあまからく煮たもの。この地方は、複雑な地形のために正確な米の収穫量《しゅうかくりょう》がわからず、年貢《ねんぐ》をきびしくとられていたむかし、食べるものがなくなった農民が考えだした料理。最近では、つなぎに米を入れて、コロッケの具としてもしたしまれている。

コノシロぶえん寿司《ずし》　祝いごと

酢《す》でしめたコノシロの切り身などを酢めしにまぜてつくる。塩をきかせなくとも生《なま》で食べられるほど新鮮《しんせん》という意味で「無塩《ぶえん》」という名がついた。コノシロはニシンのなかまで、成長するにつれて「コハダ→ツナシ→コノシロ」と名前がかわっていく出世魚《しゅっせうお》。縁起《えんぎ》がよいことから、祝いごとがあったときに食べられる。コノシロは、毎年、有明《ありあけ》海沿岸《かいえんがん》や八代《やつしろ》海で大量に水揚げされる。

こんなのもあるよ！

熊本県の給食

熊本市立慶徳《けいとく》小中学校
（熊本県熊本市山崎《やまさき》町）

ミカン
県内の八代《やつしろ》市でとれる温州《うんしゅう》みかん。

レンコンのきんぴら
宇城《うき》市松橋《まつばせ》町の特産物であるレンコンをつかったきんぴら。

びりんめし
たいたご飯に、かたくしぼっていためた豆腐《とうふ》を切り干《ぼ》し大根などといっしょに味つけしたものをまぜたもの。豆腐をいためるときに、なべがビリビリと鳴るところから「びりんめし」とよばれる。

白玉汁《しらたまじる》
宇城市小川《おがわ》町周辺で生産された白玉粉でつくった白玉を入れた野菜の汁。小川町では、熊本の米とおいしい水をつかった白玉粉が、むかしからつくられている。

熊本県で有名な特産物

高菜漬《たかなづけ》

タカナは中国原産のカラシナのなかまで、食べると、ピリッとからいのが特徴《とくちょう》。阿蘇《あそ》高菜は、阿蘇山のカルデラの内側で栽培《さいばい》される。ふもとの土地にくらべ、高地の寒い場所で栽培されるため、茎《くき》がやわらかくからみが強い。高菜漬は塩で漬け、発酵《はっこう》させる。細かくきざんだ高菜漬を油でいためたあと、いりたまごとご飯をまぜてさらにいため、ごまやしょうゆなどで味をつけた「高菜めし」は、阿蘇地域の名物になっている。

トマト

日本一

トマトの生産量で、熊本県は日本一。もっとも栽培がさかんなのは、中南部の八代《やつしろ》平野で、熊本県の生産の約80%を占《し》めている。八代地方は冬も温暖《おんだん》で日照時間が長く、球磨川《くまがわ》の清流の水もあって、トマトの栽培に適している。多くの種類が栽培されている熊本で、「はちべえ」の愛称《あいしょう》でよばれるトマトは、八代平野でうまれた減《げん》農薬《のうやく》のトマトとして知られている。

デコポン

デコポンは、温暖な気候でそだつ中型のミカン。「シラヌイ」という種類のなかで、熊本でとれたとくにあまみの強いものをデコポンとよぶ。みかけはごつごつしているが、外側の厚い皮は手でむけるやわらかさで、内袋《うちぶくろ》はむかずにそのまま食べることができる。

デコポンの重さに枝が下がる。

晩白柚《ばんぺいゆ》

晩白柚はミカンのなかまで、ザボン（白柚）とよばれる種類のひとつ。八代市の特産品で、果実が大きくて皮が厚く、直径が25ｃｍぐらいになる。ザボンより完熟期《かんじゅくき》がおそいことから、「晩白柚」*と名づけられた。子どもの頭ほどあるその大きさから、「ミカンの王様」とよばれている。

*漢字の「晩」には「おそい」という意味がある。

豆腐《とうふ》の味噌《みそ》漬《づ》け

豆腐の味噌漬けは、豆腐を水切りしたあと、もろみみそ*に漬けこみ、半年ほど冷暗所《れいあんじょ》で熟成《じゅくせい》させたもの。チーズのような風味《ふうみ》があり、うす切りにして食べる。九州山地のなかにある五木《いつき》村や五家荘《ごかのしょう》に伝わる保存《ほぞん》食《しょく》で、800年ぐらい前、源氏《げんじ》との戦いに負けてにげてきた平家《へいけ》の武者《むしゃ》に教えられたという。

*大豆《だいず》や麦、米などからつくったこうじを塩水に漬けて熟成《じゅくせい》させたもの。

水切りした豆腐をみそに漬ける。

大分県《おおいたけん》

大分県は、瀬戸内海《せとないかい》の周防灘《すおうなだ》と豊後水道《ぶんごすいどう》に面しています。北東部に国東《くにさき》半島があり、中部は火山が多く、日本でいちばんたくさんの温泉があります。瀬戸内海に面した地域《ちいき》は温暖《おんだん》ですが、山地では冬に雪がふります。むかし漁師《りょうし》たちが食べた料理はいまでも各地に伝わっています。また、戦国《せんごく》時代の殿様《とのさま》、大友宗麟《おおともそうりん》がポルトガルから日本ではじめてカボチャをとり入れました。

Ⓐ

ブリのあつめし

佐伯《さいき》地方に伝わる料理。ブリの刺身《さしみ》をしょうゆ、ゴマ、みりんなどのたれにつけこみ、あついごはんにのせて食べる。お茶やだし汁《じる》をかけることもある。もとは漁師が船の上で、とれたてのブリやサバ、アジを刺身で食べ、残りをたれにつけて保存《ほぞん》したことからうまれた料理。

これからも伝えていきたい
郷土料理《きょうどりょうり》

手延《ての》べだんご汁《じる》

小麦粉《こむぎこ》でつくっただんごをきしめんのようにのばし、シイタケやゴボウ、ニンジンなどたくさんの野菜とともに煮《に》た、みそ仕立《じた》ての汁もの。「手延べ」とは手でのばすこと。いまも家庭料理として人気があり、どこの家でもつくられている。

［凡例］
郷土料理　伝統野菜
行事食　特産物
※❶～❿については『資料編』54ページで解説《かいせつ》しています

ごまだしうどん

むかし、佐伯湾《さいきわん》の漁師たちが食べていた家庭料理。エソという魚を焼いて身をほぐし、ゴマとすりあわせ、しょうゆとみりんをまぜて「ごまだし」をつくる。これをゆでたうどんにのせ、湯をかけて食べる。たくさんとれたエソを、とっておくためにつくられた。簡単に食べられて便利だった。

久住高菜《くじゅうたかな》

産地　竹田《たけた》市久住町

久住山のふもとの久住高原で古くから栽培《さいばい》されてきたタカナのこと。寒さに強く、葉がやわらかいのが特徴《とくちょう》。ピリっとしたからみがあり、漬物《つけもの》にして食べられている。

人と風土が守り育てた 伝統野菜《でんとうやさい》

チョロギ

産地 竹田市

巻き貝のような形をした根を食べる。江戸《えど》時代に中国から伝わったとされ、古くから栽培されてきた。梅《うめ》の酢《す》でつけて赤い漬物にされることが多く、正月料理にも使われる。

宗麟《そうりん》かぼちゃ

産地 臼杵《うすき》市

日本にはじめて入ってきたカボチャ。外国と貿易《ぼうえき》をしていた戦国時代の殿様、大友宗麟にポルトガル人がおくったものといわれることから、その名がついた。

大分県《おおいたけん》

大分県は、全国のカボスのほぼすべてを生産しています。県の全域《ぜんいき》で栽培《さいばい》されているシイタケは干《ほ》しシイタケになり、その生産量は日本一です。佐賀関《さがのせき》で一本釣《づ》りされる関サバや関アジのほか、城下《しろした》カレイも有名です。

地域《ちいき》に受けつがれてきた行事食

きらすまめし　正月

きらすまめしは、ブリなど脂《あぶら》ののった魚の切り身をしょうゆ漬《づ》けにしたものに、おからをまぶした魚料理。大分県の東海岸にある臼杵《うすき》市で正月などにつくって食べられている。「きらす」は臼杵の方言で「おから」を、「まめし」は「まぶす」を意味する。もともとは、魚を調理したあとの切れはしや、おから（大豆《だいず》のしぼりかす）などのあまりものをあえた料理。江戸《えど》時代に殿様《とのさま》の命令で、ぜいたくなくらしをしないようにしていたときにうまれた料理といわれる。

食べるときにカボスをしぼってかける。

物相《もっそう》ずし　金比羅祭《こんぴらさい》・祝いごと

物相ずしは、シイタケやゴボウ、ニンジン、油あげなど地元でとれる食材を細かくきざんで、あまからく煮《に》たものをすしめしにまぜ、「物相」とよばれる四角い木型でぬいた大きめの押《お》しずしのこと。10cm四方、高さは５～７cmのすしが一人前になる。毎年４月の金比羅祭をはじめ、家族に祝いごとがあったときにつくられる。米が貴重品《きちょうひん》だった江戸時代に、みんなが同じ量を食べられるようにとつくられたのが、はじまりだという。

あたま料理　正月・祝いごとなど

江戸時代初期から竹田《たけた》地方に伝わる郷土《きょうど》料理。びんた料理ともいう。むかし、海から遠く山やまにかこまれた竹田地方では、生《なま》の海水魚は貴重品だった。そこで、頭や内《ない》臓《ぞう》、皮まで食べるこの料理がうまれたという。現在でも正月や祝いごとなどには、ハタ、クエ、マスなど大きな白身の魚を塩ゆでにして、季節の野菜とともに、もみじおろしやカボスの三《さん》杯酢《ばいず》で食べる。

こんなのもあるよ！

・大分県の給食・

日田《ひた》市立大野小学校
（大分県日田市前津江町）

フルーツ白玉《しらたま》
日田産のナシに、缶詰《かんづめ》のミカン、白玉だんご、バナナなどのデザート。

油あげとたらおさの煮つけのもりあわせ
たらおさ*の煮つけは日田地方に伝わる、お盆《ぼん》の郷土料理。手間はかかるが、いまでも家庭でつくられている。

くずかけ
季節の野菜、干しシイタケ、こんにゃく、花麩《はなふ》を入れたすまし汁《じる》を葛《くず》でとじたもの。

*たらおさは、干したタラの胃《い》とえらのこと。むかし、干したタラは海から遠い日田地方で夏に食べられる貴重な魚だった。干しタケノコといっしょに煮つけたものはお盆のごちそう。

大分県で有名な特産物

どんこ

日本一

大分県は、干《ほ》しシイタケの生産量で、全国の生産量の約40%を占《し》めて日本一。県内に多いクヌギの木に菌《きん》を植えつけて人工栽培《じんこうさいばい》したシイタケを乾燥機《かんそうき》にかけたり、天日《てんび》で干したりしてつくる。なかでも、寒い時季にゆっくりと育った、肉厚でまだかさが開いていない丸い形のシイタケを干したものを、どんこという。水につけてだしをとったり、煮物《にもの》に入れたりして食べる。

カボス

日本一

カボスはユズのなかま。果実が緑色のうちに収穫《しゅうかく》するが、熟《じゅく》すと黄色くなる。果汁《かじゅう》は酸味《さんみ》が強く、ビタミンC、クエン酸《さん》、リンゴ酸などの栄養素をふくんでいる。焼き魚にしぼったり、鍋物《なべもの》のつけ汁《じる》にするほか、ドレッシングやジュースにつかわれる。日本産カボスのほとんどを大分県が生産している。

最近、種なしカボスも登場した。

関《せき》サバ

「関サバ」という名前は、豊予海峡《ほうよかいきょう》の「速吸《はやすい》の瀬戸《せと》」で一本釣《づ》りでつりあげられ、佐賀関《さがのせき》で水揚《みずあ》げされたマサバだけにつけられる。豊予海峡は潮《しお》の流れがはやく、水温が夏は冷たく冬はあたたかいため、えさとなるプランクトンが豊富。ここで育つサバは大型で脂《あぶら》がのり、身がしまっている。最近、とれる数がへっていて、市場《しじょう》に出たときには高値《たかね》で取り引きされる。刺身《さしみ》のほか、焼いたり煮《に》たりして食べる。

関サバの刺身は貴重《きちょう》になっている。

城下《しろした》カレイ

城下カレイは、日出《ひじ》町の別府湾岸《べっぷわんがん》でとれる、マコガレイのこと。日出城《ひじじょう》の真下の海でとれるので「城下カレイ」とよばれる。刺身や煮つけ、焼き魚のほか、から揚《あ》げなどにして食べる。江戸《えど》時代から貴重《きちょう》で、将軍家《しょうぐんけ》への献上《けんじょう》魚《ぎょ》でもあった。庶民《しょみん》が食べると罰《ばっ》せられたことから、別名「殿様魚《とのさまうお》」とよばれていた。

城下カレイづくしのごちそう。

ヒオウギガイ

養殖

ヒオウギガイはあたたかい海にすむ、大型の二枚貝《まいがい》のなかま。ホタテガイのように貝柱の部分を食べ、刺身のほか、網焼《あみや》きなどにもする。赤やオレンジ、黄色や紫色《むらさきいろ》をした貝がらの色があざやかで美しい。貝がらのようすが、むかし宮中《きゅうちゅう》でつかわれた、檜《ひのき》でつくった色とりどりの扇《おうぎ》（檜扇《ひおうぎ》）のようなので、「ヒオウギガイ」とよばれる。佐伯市《さいきし》蒲江《かまえ》で養殖《ようしょく》がさかんだ。

宮崎県《みやざきけん》

宮崎県は太平洋《たいへいよう》の日向灘《ひゅうがなだ》に面しています。日向灘は北に向かって流れる黒潮《くろしお》にのって、たくさんの種類の魚がやってくるよい漁場《ぎょじょう》で、魚のすり身を使った飫肥天《おびてん》は日南《にちなん》地方の有名な郷土《きょうど》料理となっています。温暖《おんだん》な気候をいかして野菜や果物の栽培《さいばい》がさかんですが、宮崎地頭鶏《みやざきじとっこ》や宮崎牛などで知られる畜産《ちくさん》も全国有数。地鶏《じどり》の炭火焼《すみびやき》やチキン南蛮《なんばん》が名物です。

これからも伝えていきたい 郷土料理《きょうどりょうり》

人と風土が守り育てた 伝統野菜《でんとうやさい》

地鶏《じどり》の炭火焼《すみびやき》

宮崎ではむかしからニワトリの飼育がさかんで、チキン南蛮や刺身《さしみ》など、いろいろなとり肉の料理がある。その中でも地鶏の炭火焼は人気のある食べ方で、もも肉を、塩、コショウで味つけし、炭火でこんがりと焼く。炭の香《こう》ばしいかおりと、地鶏のコリコリとした歯ごたえが特徴《とくちょう》。

糸巻きだいこん

産地 西米良村《にしめら》

西米良村で栽培《さいばい》されてきた野菜。皮に糸を巻きつけたような紫色の線《むらさきいろ》《せん》が出る。色は白いものや、紫のものがあり、形も丸いもの、細長いものとさまざまある。

冷や汁《ひじる》

宮崎平野を中心に、農作業のいそがしい夏に食べられてきた家庭料理。イリコとゴマ、麦みそをすって焼いた「焼きみそ」を入れただし汁に氷水を入れ、アジ、サバ、イワシなどの刺身、あるいは焼いてほぐした身、キュウリのうす切りや豆腐《とうふ》、青ジソを加え、麦飯にかけて食べる。

[凡例]
郷土料理　伝統野菜
行事食　特産物
※❶～❿については『資料編』54ページで解説《かいせつ》しています

筍いも《たけのこ》

産地 小林市《こばやし》・西都市《さいと》・国富町《くにとみ》

サトイモの仲間《なかま》。地上に出ているところがタケノコに似ているのでその名がついた。京都料理に使われ、「京いも」ともよばれる。皮がむきやすく、煮物《にもの》などにする。

飫肥天《おびてん》

魚が多くとれる日向灘ぞいの飫肥藩《おびはん》で江戸《え》時代からつくられてきた。魚のすり身に豆腐《とうふ》、ゴボウ、ニンジンなどをまぜ、みそ、黒砂糖、しょうゆで味つけし、木《こ》の葉や舟の形にして油で揚げる。九州《きゅうしゅう》ではこのような食べ物を「天ぷら」という。「飫肥天ぷら」を略《りゃく》して飫肥天とよぶ。

いらかぶ

産地 美郷町西郷地区《みさと》《さいごう》

葉の形がアザミに似ているので「アザミ菜」ともいう。むかしからつくられてきた野菜で、葉やくきを食べる。タカナよりからみがあり、やわらかく、漬物《つけもの》にしたときの色があざやか。

宮崎県《みやざきけん》

温暖《おんだん》で雨もたくさんふる宮崎県では、南国の果物《くだもの》マンゴーが栽培《さいばい》されています。ピーマンとキュウリも国内有数の生産量をほこります。宮崎牛や宮崎地鶏《じどり》などの畜産《ちくさん》業《ぎょう》も、さかんです。

地域《ちいき》に受けつがれてきた行事食

菜豆腐《などうふ》　正月・祝いごと

豆腐のなかに、色あざやかな季節の野菜や花などをきざんだものをまぜてかため、冷奴《ひややっこ》のようにして食べる。熊本《くまもと》県との県境にある、山間部の椎葉《しいば》村でつくられている。かぶ菜やニンジンのほかに、春は菜の花、初夏は藤《ふじ》の花、秋はシイタケ、冬はユズなど、季節ごとに入れる野菜もかわる。椎葉村では正月に菜豆腐をつくり、家のかべに串《くし》にさしてかけ、一年の健康を祈願《きがん》する風習がある。また、祝いごとがあるときに、菜豆腐ともちをいっしょにふるまう。

つのんぼ　端午《たんご》の節句《せっく》

つのんぼは、一晩《ひとばん》灰汁《あく》*に つけたもち米を竹の皮につめて、三角形に包み、鉄釜《てつがま》でたきあげたもちのこと。5月5日の端午の節句に、そのまま食べたり、砂糖《さとう》やきなこをつけたりして食べる。三角形のとがった先が角のように見えることから、「つのんぼ」とよばれる。むかし、かっぱがつのんぼを角のようだとこわがったという話から、川遊びのときにかっぱに足をとられておぼれないようにという願いをこめて、子どもに食べさせた。

ななとこずし　正月7日

ななとこずしは、すしではなく、ダイコン、ニンジン、ゴボウ、ハクサイ、大豆《だいず》モヤシ、セリ、シイタケなど、7種類以上の野菜と丸もち、米などを入れてつくる雑炊《ぞうすい》のこと。正月7日に子どもの健康を願う「ななとこさん」という行事があり、数え年で7歳《さい》になる子どもが近所の家を7軒《けん》まわり、それぞれの家でこの雑炊を食べさせてもらう。一般的《いっぱんてき》な七草《ななくさ》がゆとはちがう食べ物である。

こんなのもあるよ！

・宮崎県の給食・

高千穂《たかちほ》町立高千穂小学校・日之影《ひのかげ》町立日之影小学校
（宮崎県西臼杵《にしうすき》郡高千穂町・日之影町）

ヤマメのから揚《あ》げ

高千穂町内の秋元《あきもと》でとれる、ヤマメの天ぷら。

茶めし

調味料に高千穂町でとれる高千穂茶を入れてたきあげたご飯に、湯をさっとかけたちりめんと炒《い》りごまをまぜて食べる。

ホウレンソウと地こんにゃくの白《しら》あえ

ゆでたホウレンソウとニンジン、こんにゃくを細切りしたものを、みそと砂糖で味をつけて、つぶした豆腐であえたもの。ホウレンソウは高千穂町内五ケ所《ごかしょ》産。

きびだんご汁《じる》

高千穂町でとれるきび粉でつくっただんごを、サトイモやダイコンなどの野菜と、とり肉の入ったしょうゆ味の汁に入れたもの。サトイモと生《なま》シイタケも地元、高千穂産。

*木や竹を燃やした灰をとかした水のこと。もち米を灰汁につけることで、たいたときにもちもちになる。

宮崎県で有名な特産物

ピーマン

ピーマンの生育には20～30℃の高い温度が必要。冬でもあたたかい宮崎はピーマンの栽培《さいばい》に適している。とくに沿岸部《えんがんぶ》では促成《そくせい》栽培がおこなわれ、この促成栽培されたピーマンが「ピーマンザウルス」の名で全国に知られている。ピーマンの主流は緑色だが、最近では、赤色、黄色、オレンジ色などのカラーピーマンの栽培もはじまった。

7～9月がピーマンの旬《しゅん》。

切り干《ぼ》し大根

宮崎の火山灰地はダイコンの栽培に適し、むかしからダイコンづくりがさかん。ダイコンを加工した切り干し大根の生産もしていて、全国の約90%が宮崎産だ。傾斜《けいしゃ》をつけた干しだなに、千切りにしたダイコンを広げて、乾燥《かんそう》した空気のなかで一昼夜自然乾燥させる。「霧島《きりしま》おろし」とよばれる宮崎特有の季節風にあてることによって、生《なま》のダイコンよりもあまく、栄養価の高い切り干し大根ができる。

切り干し大根は寒い時期につくられる。

マンゴー

宮崎県のマンゴーの生産量は、沖縄《おきなわ》県につぐ第2位。宮崎完熟《かんじゅく》マンゴーはアップルマンゴーとよばれる種類で、1本の木に4000～5000個の黄色い小さな花が咲《さ》くが、果実は数十個しかつかない。自然に落果《らっか》するまで木の上で完熟させ、ネットに落ちたものを収穫《しゅうかく》することで、かおりとあまみが増す。「太陽のタマゴ」という高級品種が、全国に知られるようになってきた。

完熟して落果したものを収穫する。

キンカン

日本一

キンカンはミカンのなかまで、直径約2cmの小さな黄色の実がなる。酸味《さんみ》が強い果肉より、おもに皮を食べる。生で食べるほか、砂糖《さとう》や蜂蜜《はちみつ》につけたり、砂糖煮《に》にしたりする。温暖《おんだん》で雨の多い宮崎県の沿岸部《えんがんぶ》は、キンカンの栽培に適していて、生産量は日本一。

宮崎牛

宮崎県は、黒毛和牛の生産量で、鹿児島《かごしま》県についで全国2位。県内の都城《みやこのじょう》、小林《こばやし》市を中心とする霧島山麓《さんろく》地方がおもな産地で、この地域《ちいき》の生産量は県全体の半分以上を占《し》める。宮崎県内で肥育《ひいく》された黒毛和牛のなかでも、日本食肉格付《かくづけ》協会が定める格付基準ですぐれた肉質をもつものだけが「宮崎牛」として認《みと》められる。

九州・沖縄

鹿児島県《かごしまけん》

鹿児島県は九州《きゅうしゅう》のいちばん南にあり、奄美群島《あまみぐんとう》までをふくむ県です。火山が多く、火山灰《かざんばい》がつもった土地によくあうサツマイモは、江戸《えど》時代からの特産品。薩摩半島《さつまはんとう》の南はしにある枕崎《まくらざき》はカツオ漁《りょう》の基地《きち》として知られています。また畜産《ちくさん》がさかんで、黒豚《くろぶた》などの料理が有名です。

これからも伝えていきたい 郷土料理《きょうどりょうり》

きびなご料理

キビナゴは、からだに銀色と青色のすじが入っている８cmくらいの小魚《こざかな》。鹿児島県の近くの海では一年中とれるが、５～６月にたまごを産《う》むために鹿児島湾《かごしまわん》にやってくるものがとくにおいしい。塩焼きや、みそ汁に入れたり、刺身《さしみ》にして酢みそをつけて食べる。

鶏飯《けいはん》

奄美大島《あまみおおしま》に伝わる料理。ごはんに手でさいたとり肉、たまご焼き、シイタケ、青ネギ、パパイヤの漬物《つけもの》などをのせ、とりの骨（ガラ）でだしをとったしょうゆ味のスープをかけたもの。江戸時代、薩摩藩《さつまはん》の役人をもてなすためにつくられたと伝えられている。

つくあげ（さつまあげ）

イワシやトビウオ、エソなどの魚のすり身にニンジンなどの具を加え油で揚《あ》げたもの。地元では「つくあげ」とよばれることが多い。江戸時代、琉球《りゅうきゅう》（いまの沖縄）から伝わった「チキアーギ」という料理の名前がなまって、「つくあげ」とよばれるようになったといわれている。

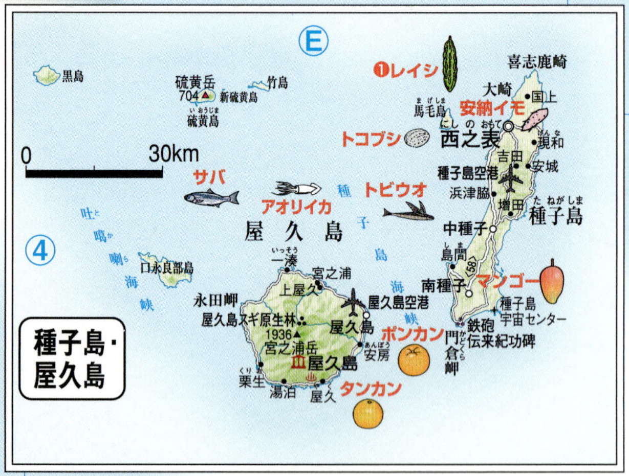

桜島《さくらじま》だいこん

産地 鹿児島市桜島地域《ちいき》

世界一大きなダイコン。大きなものは20～30kgにもなる。こんなに大きなダイコンができるのは、火山灰がつもったやわらかい土が空気や水を多くふくんでいて、よく育つため。

水いも

産地 奄美地方

行事や正月の料理に欠かせないイモ。水をためた畑でつくられ、「田いも」（方言ではターマン）ともいう。すりおろして砂糖を入れ、だんごにして焼いて食べることもある。

[凡例]
郷土料理　伝統野菜
行事食　特産物
※❶～❿については『資料編』55ページで解説《かいせつ》しています

人と風土が守り育てた 伝統野菜《でんとうやさい》

白なす

産地 鹿児島県内各地

鹿児島でむかしから栽培《さいばい》されてきたナス。色はうすい緑色で、ふっくらとした丸ナスと、細長い長ナスがある。皮はかたいが、中はやわらかい。焼きナスや煮物《にもの》などにする。

鹿《か》児《ご》島《しま》県《けん》

鹿児島県は、夏は雨が多くて日照時間も長く、冬も温暖《おんだん》な気候を生かして、茶やサヤインゲン、サツマイモをつくっています。枕崎《まくらざき》ではカツオが水揚《みずあ》げされます。畜産《ちくさん》業《ぎょう》がさかんで、とくにブタは有名です。

地域《ちいき》に受けつがれてきた行事食

かいのこ汁《じる》　お盆《ぼん》

かいのこ汁は、細かくきざんだ野菜を米に見たてた鹿児島の郷土《きょうど》料理。お盆の8月14日、15日の朝につくられる精進《しょうじん》料理*で、ナスやミガシキ（いもがら）、カボチャといった夏野菜をたくさん入れた、具だくさんのみそ汁のこと。「かいのこ汁」というよび名は、「お茶うけ」のことを「お茶の子」というように「粥《かゆ》の子」がなまったものだ。この汁物で先祖《せんぞ》の霊《れい》をむかえるという。

*肉をつかわず、野菜のみでつくる料理。

かるかん　祝いごと

かるかんは、すりおろしたヤマイモに卵白《らんぱく》と上新粉《じょうしんこ》、砂糖《さとう》をよくまぜたものを蒸《む》してつくるお菓子《かし》。材料のヤマイモは、九州南部で豊富にとれる。カステラのようだが、カステラよりかわいた歯ざわりが特徴《とくちょう》。祝いごとがあったときなどにつくられる。ようかんのようにあまいが、ようかんより軽いため「かるかん」と名がついたと伝わる。

あくまきとかからん団子《だんご》　端午《たんご》の節句《せっく》

あくまきとかからん団子は、おもに端午の節句につくられる、もち菓子。あくまきは、灰汁《あく》（→p90）に一晩《ばん》つけたもち米を、竹の皮に包んで灰汁といっしょに煮《に》こんでつくる。きな粉や砂糖をつけて食べる。かからん団子は、くさもちをあんでくるみ、かからの葉（サルトリイバラの葉）で包んだもち。

かからん団子（上）

あくまき

こんなのもあるよ！

・鹿児島県の給食・

霧島《きりしま》市立溝辺《みぞべ》小学校
（鹿児島県霧島市溝辺町）

きびなごの抹茶揚《まっちゃあ》げ

溝辺《みぞべ》地区は茶の名産地。近隣《きんりん》で水揚《みずあ》げされたキビナゴに、抹茶と小麦粉の衣《ころも》をつけて揚げた。

黒大豆《くろだいず》入りからいもご飯

地元でとれた米に黒大豆と、校区でつくられたサツマイモ（唐芋《からいも》）を入れてたいたご飯。

牛乳

鹿児島県産の牛乳。

イチゴ

朝につまれたばかりの、地元産イチゴ「さがほのか」。

ぶた汁《じる》

ぶた肉、野菜、みそと、すべてが地元の素材をつかったぶた汁。上にちらした根《ね》深《ぶか》ねぎも地元でとれたもの。

鹿児島県で有名な特産物

サツマイモ

日本一

鹿児島県は、サツマイモの生産量で全国1位。サツマイモは、別名を甘藷《かんしょ》、唐芋《からいも》ともいい、大きくふくらんだ根の部分を食べる。江戸《えど》時代に沖縄《おきなわ》から鹿児島へ伝わった。「紅《べに》さつま」種が鹿児島の生産量の80%以上を占《し》める。石焼イモ、蒸《ふ》かしイモ、煮物《にもの》などのほか、スイートポテト、大学イモ、きんとんなどにして食べられる。

麺類《めんるい》や焼酎《しょうちゅう》にも加工される。

かつお節

日本一

カツオは春から夏にかけて、黒潮《くろしお》にのって日本近海を移動する回遊魚。かつお節は、カツオの身をゆでて干《ほ》したものをけむりでいぶし、さらに時間をかけて乾燥《かんそう》させてつくる日本特有の保存《ほぞん》食品だ。薩摩《さつま》半島の南部に位置する枕崎《まくらざき》の沿岸《えんがん》は、黒潮の通り道のためカツオがよくとれ、むかしからかつお節を生産してきた。枕崎は全国のかつお節生産量の約7割《わり》を占《し》めている。

黒豚《くろぶた》

黒豚は、江戸時代初期に鹿児島の殿様《とのさま》が、沖縄からもち帰ったといわれる。明治《めいじ》時代に入って、イギリスからつれてきたバークシャー種のブタとかけあわせ、現在の「かごしま黒豚」がうまれた。サツマイモをふくんだ飼料で育てられた黒豚の肉質はやわらかく、高い値段《ねだん》で取り引きされている。

薩摩シャモ

薩摩シャモは、正式には「さつま若《わか》しゃも」という鹿児島のブランド鶏《どり》。天然《てんねん》記念物になっている薩摩鶏とアメリカのニワトリからうまれた。肉は弾力があり、味がこい。くさみがないので、鍋《なべ》に入れたり焼き鳥にするほか、刺身《さしみ》でも食べられる。薩摩鶏がもともと闘鶏《とうけい》*用のニワトリの軍鶏《しゃも》だったので、新しい品種にその名がついた。

さつま若しゃもは広い平地で育てられる。

黒酢《くろす》

黒酢は、江戸時代の後期から霧島《きりしま》市福山《ふくやま》町でつくられるようになった色の黒っぽい酢。しこみから熟成《じゅくせい》までをひとつのつぼでおこなう伝統的な手法は、中国から伝わってきた。精製した米でつくった酢にくらべてこうじのかおりが強く、味はまろやか。むかし、福山は鹿児島の流通の要《かなめ》であったため、黒酢の原料となるぬかをとりきっていない米が豊富に手に入ったことなどから、黒酢づくりがさかんになった。

屋外のつぼのなかで自然発酵《はっこう》させる。

*東南アジアでむかしからおこなわれてきた、ニワトリどうしで戦わせる競技。鹿児島では江戸時代に兵士の士気を高めるため、闘鶏がさかんにおこなわれていた。

沖縄県《おきなわけん》

本州《ほんしゅう》から遠くはなれた島々からなる沖縄県は、南の島独特《どくとく》のあたたかい気候で、フルーツやサトウキビなどがさかんに栽培《さいばい》されています。むかし、琉球《りゅうきゅう》という国だったとき、中国《ちゅうごく》や東南《とうなん》アジアと交流があり、ぶた肉を使う「足ティビチ」のような沖縄ならではの料理がたくさんうまれました。
地元《じもと》の人々のほか、本土《ほんど》から来る観光客にもとても人気があります。

ゴーヤ

産地 今帰仁村《なきじんそん》・糸満市《いとまんし》・豊見城市《とみぐすくし》

ニガウリのこと。にがみがあるが、栄養《えいよう》がたくさんふくまれている沖縄の有名な野菜。むかしから家の庭でもつくられていた。炒《いた》めもの、天ぷら、酢《す》の物などにして食べる。

ゴーヤチャンプル

食べるとにがいウリの仲間《なかま》「ゴーヤ」と、島豆腐《しまどうふ》とよばれるかための豆腐と、たまご、ぶた肉などを油で炒《いた》めた料理。家庭料理として、どこの家でもつくられている。ふつう、島豆腐と野菜を「ごちゃまぜにする」ことを「チャンプル」という。

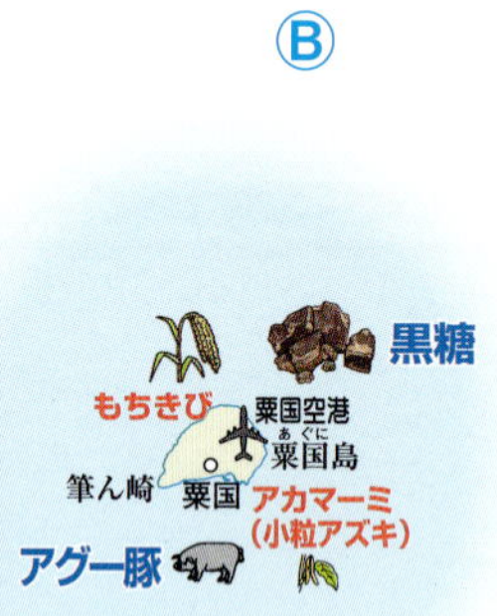

これからも伝えていきたい 郷土料理《きょうどりょうり》

いかすみ汁《じる》

白イカのスミでつくる黒い汁。栄養が多くふくまれ、出産の後《あと》など体力の落ちたときに、むかしからよく食べられてきた。千切りにした白イカとぶた肉、ニガナなどを、カツオとコンブのだしで煮《に》こみ、イカスミを加える。コクがあり、食べると口の中が真っ黒になる人気の料理。

足《あし》ティビチ

ティビチは肉と野菜の煮こみのこと。長時間煮ることで、豚足《とんそく》にふくまれるゼラチン質を煮出すと、とろけるような風味がでる。ゼラチン質は美肌《びはだ》や老化防止によいとされる。豚足の料理は、中国や東南アジアにも多い。沖縄でブタは「鳴《な》き声以外すべて食べる」といわれるほど、あらゆる部分を食べる。

紅《べに》いも

産地 読谷村《よみたん》

地元では「ウム」とよばれる、中身が赤紫色《あかむらさきいろ》のサツマイモ。ほんのりとあまく、天ぷらやアイス、菓子、ケーキなどいろいろな料理で使われている。

モーウイ

産地 沖縄県内各地

皮が赤茶色であみ目のような模様《もよう》があり、赤瓜《あかうり》ともよぶ。15世紀に中国からもちこまれ、琉球王国の宮廷《きゅうてい》料理に使われた。シャキッとした淡《たん》白《ぱく》な味で、酢の物や漬《つけ》物《もの》、煮物《にもの》にされる。

人と風土が守り育てた 伝統野菜《でんとうやさい》

[凡例]

郷土料理　伝統野菜　行事食　特産物

※❶～❿については『資料編』55ページで解説《かいせつ》しています

沖縄県《おきなわけん》

沖縄県ではマンゴーやゴーヤといった南の土地ならではの農作物が栽培《さいばい》されています。サトウキビは日本一の生産量をほこります。沿岸ではクルマエビやシャコ貝が養《よう》殖《しょく》され、養殖モズクは日本一の生産量です。

地域《ちいき》に受けつがれてきた行事食

重箱《じゅうばこ》料理　先祖供養《せんぞくよう》

重箱料理は、4月の上旬《じょうじゅん》に清明祭《シーミーさい》や盆《ぼん》、法事など、先祖を供養するための行事のときにつくられる料理で、重箱につめられる。むかしは四段重《よだんがさ》ねだったが、いまはおもに二段重ねがつかわれている。下の重《じゅう》にはもちがつめられ、上の重には9種類の料理をつめる。つめられる料理はかまぼこや天ぷら、こんにゃくや野菜の煮物《にもの》のほか、ブタの三枚肉をかつおだしとしょうゆで煮た煮豚《にぶた》（ラフテー）が入ることが多い。食べものが豊富でなかったむかし、行事のあいだはごちそうを食べられることが、楽しみだったという。

先祖の墓《はか》の前に、重箱いっぱいのもちといっしょにそなえて、みんなで食べる。

ヒージャー　祝いごと

ヒージャーは、沖縄のことばでヤギのことをさす。栄養価が高く、食べると元気になることから、沖縄では祝いごとがあるときにヤギの肉を食べる習慣がある。塩味の鍋《なべ》物《もの》にすることが多いが、独特のにおいがあるため、たくさんのショウガといっしょに食べる。刺《さし》身《み》にして、酢《す》じょうゆにつけて食べることもある。

フーチムチ（よもぎもち）　旧暦《きゅうれき》3月3日

旧暦の3月3日（いまの3月下旬ごろ）に、女の子が浜におりて身を清めるために白砂《しらす》をふむ「ハマウリ」という行事がある。この日、沖縄では、けがれをはらう力があると信じられているヨモギの葉を入れたもちをつくって食べる。この時期、干潮《かんちょう》のときに潮《しお》が大きくひくので、いまではヨモギもちや揚《あ》げ菓《が》子《し》などをつめた重箱をもって、家族で潮干狩《しおひが》りにいく日になっている。

こんなのもあるよ！

沖縄県の給食

中城村《なかぐすく》立津覇《つは》小学校
（沖縄県中頭郡《なかがみぐん》中城村南上原《みなみうえばる》）

ミミガーの酢みそあえ
ミミガー（ブタの耳皮）をゆで、モヤシ、うすあげ、チリメンジャコを酢みそであえた。

手づくりケーキ（小）

ごもくたまご焼き

冬至《とぅんじー》じゅうしい
「じゅうしい」は雑炊《ぞうすい》のこと。気温の低い季節を乗り切るために冬至《とうじ》に食べる沖縄の伝統料理。給食では沖縄名産の田《た》芋《いも》を入れた。

沖縄県で有名な特産物

パイナップル

日本一

パイナップルは、南アメリカの熱帯地域《ちいき》を原産とする。乾燥《かんそう》に強い果物《くだもの》で、日本には19世紀に外国の船によって伝えられた。国内のパイナップルの主要産地は沖縄で、沖縄本島北部や石垣島《いしがきじま》、西表島《いりおもてじま》で栽培《さいばい》されている。以前は缶詰《かんづめ》にすることが多かったが、最近では果物として生《なま》で切って食べることがふえてきた。

かおりが高く、あまい南国の果物。

海ぶどう

海ぶどうは、正式名をクビレズタという海藻《かいそう》のこと。沖縄本島、宮古島《みやこじま》など紫外線《しがいせん》が強く、空気のきれいなミネラル豊富な海にのみ生息《せいそく》している。球状の葉がブドウの房《ふさ》のようになっていることから「海ぶどう」という。球状の葉のプチプチした食感を楽しむ。「グリーンキャビア」とよばれることもある。おもに生のまま三杯酢《さんばいず》などをつけたり、海藻《かいそう》サラダとしてドレッシングなどをかけて食べたりする。

食べるのは実ではなく、葉の部分。

アグー豚《ぶた》

アグー豚とは、沖縄で飼われてきた食用の黒いブタのこと。アグーという名前の由来《ゆらい》は、もとは粟《あ》国島《ぐにじま》で飼われていたからだといわれている。アグー豚の肉はくさみがほとんどなく、火を通すとやわらかくなる。脂《あぶら》がのっていて、国内でもとくにおいしいぶた肉のひとつといわれる。

島どうふ

島どうふは、大きくてかための沖縄の豆腐《とうふ》。水にひたしてやわらかくした大豆《だいず》を、水といっしょにくだいてしぼり、豆乳をつくる。この豆乳を煮《に》つめたものににがりを入れ、木型に流しこみ、上から重石《おもし》をして、水を切ってつくる。味がこく、かたくてくずれにくいので、冷奴《ひややっこ》にするほか、野菜と島どうふをいためたチャンプルのような料理にもつかわれる。

黒糖《こくとう》

むかしは水牛でサトウキビをしぼった。

黒糖は、高さ3mにも育つサトウキビをしぼって、その汁《しる》を煮つめてつくる黒っぽい砂糖《さとう》のかたまり。むかしながらのつくりかたは、17世紀に中国から伝わった。キャラメルのような独特のかおりとあまさが特徴《とくちょう》だ。沖縄県のなかでも粟国島、大東諸島《だいとうしょとう》などの島じまで生産がさかん。お菓子《かし》の材料にしたり料理につかったりするほか、コーヒーや紅茶《こうちゃ》に入れたり、あめのように食べたりする。

編集

帝国書院 編集部

編集協力

新村印刷／クオーレ／こどもくらぶ（今人舎）

イラスト作成

杉下正良

写真・資料提供

(株)赤福／安芸市農林課／赤穂市／浅野弘子／あさひ製菓(株) ばさら窯／阿蘇市／あなごめし うえの／伊賀市／石垣雅章／泉佐野市／伊勢市学校給食センター／今西本店／伊万里市／岩国市／(有)インターリンク沖縄／宇治市／臼杵市産業観光課／嬉野市塩田学校給食センター／宇和島市／(株)NHKエデュケーショナル／(社)愛媛県観光協会／愛媛県経済労働部観光物産課／愛媛県農産園芸課／近江八幡市／大分県／大分県宇佐地区森林組合／大分県農林水産部おおいたブランド推進課／大垣善昭／(財)大阪観光コンベンション協会／大阪天満宮／大阪府／大津市北部学校給食共同調理場／(社)おかやま観光コンベンション協会／岡山県／(社)岡山県観光連盟／沖縄県／(社)沖縄県栄養士会／小倉屋山本／尾道市産業部農林水産課／海産物松村／かがわアグリネット／(社)香川県観光協会／香川県農政水産部水産課／香川県農政水産部生産流通課／香川県農政水産部農業経営課／鹿児島郷土料理 黒薩摩六本木／鹿児島県学校栄養士協議会／鹿児島県観光課／(社)鹿児島県観光連盟／鹿児島県農林園芸課／鹿児島市／(株)笠岡魚市場／鹿島市／春日大社／(株)角長／神山町／上好温／唐津市／観光旅館 美奈都／神埼市 市長公室／かん袋／岸和田市／北川村／北九州市農産振興協会／(株)北島／紀の川市／京つけもの大安／京都府味噌工業協同組合／(社)京のふるさと産品協会／霧島市溝江学校給食センター／熊野市／熊本県／熊本県学校栄養士協議会／熊本市立慶徳小学校／桑名市／高知県／高知県環境農業推進課／高知県中央東農業振興センター／高知市／江津市桜江学校給食センター／小松島市／西条市／境港市観光協会／佐賀県観光連盟／佐賀県生産者支援課／佐川町／桜井市／佐世保みなと海産／澤戦三／JA岡山中央会／JAさが広報課／JAたじま／JA広島市／JA宮崎経済連(より良き宮崎牛づくり対策協議会)／滋賀県／四国電力(株)／四電ビジネス(株)／島根県／(社)島根観光連盟／島根農政事務所／島原みそ醸造元／四万十市／下関市／食と地域を考えるフォーラム／瀬田町漁業協同組合／(株)千興ファーム／創業天保十二年 吉野叢／太地町産業建設課／高槻市／高橋章／タキイ種苗(株)／多久市／(有)たけうち／竹田市農政課／(有)たけなか／俵屋吉富／農林水産省中国四国農政局／(社)ツーリズムおおいた／辻調理師専門学校／桃青庵 ふじさき／徳島県／(社)徳島県物産協会／鳥取県／(株)トライ社／中城村立津覇小学校／(社)長崎県観光連盟／長崎県農産園芸課／長崎市／長崎市立仁田小学校／中津市／奈良県／(財)奈良県ビジターズビューロー／奈良市／鳴門市／南国市／新見市／猫島商店／伯方塩業(株)／萩市／(株)萩原農場／萩LOVE事務局／(株)橋本種苗園／馬場道造／浜田市／早島町立早島小学校／原博一／半兵衛麸／東出雲町／PIXTA／彦根市／日出町観光協会／備前福岡 一文字うどん／日田市前津江町学校給食共同調理場／兵庫県立農林水産技術総合センター／(社)ひょうごツーリズム協会／広島県／(社)びわこビジターズビューロー／(社)福岡県観光連盟／福岡県／福岡市／福岡市園芸振興協会／福岡市立東光小学校／ふくや／福山市経済環境局経済部地産地消推進課／麩惣製造所／防府市立華城小学校／本田鮮魚店／(社)松江観光協会玉造温泉支部／松田猷治／松本満夫 元高知県農業技術センター所長／松本料理学院／松屋菓子舗／松山市／真庭市／丸亀市学校給食センター／(社)三重県観光連盟／三重県農水商工部マーケティング室／三朝町調理センター／美郷町農業振興課／見島観光協会／道の駅 鹿島／みどりや(ミドリヤファーム)／(財)みやざき観光コンベンション協会／(財)宮崎県学校給食会／宮崎県西米良村／宮崎県みやざきブランド推進本部／宮津市／三次市／三好市観光課／(社)山口県観光連盟／ゆでたまご／吉成種苗(株)／吉野町／ラッテ・たかまつ／琉球村／爐談亭／和歌山県／和歌山市／

この本には2010年12月までに調べた情報を掲載。紹介している郷土料理、行事食、特産品、農産物、海産物などのよび名は、地方・地域によってちがうことがある。

日本各地 **食べもの地図** 西日本編

2011年2月10日　印刷
2011年2月15日　初版発行

定価　本体 3,800 円（税別）

著作者　帝国書院編集部
代表者　斎藤正義
発行所　株式会社 帝国書院
代表者　斎藤正義
東京都千代田区神田神保町3-29　（〒101-0051）
電話03（3262）0830　帝国書院販売部
電話03（3261）9038　帝国書院開発部
振替口座　00180-7-67014
印刷所　新村印刷株式会社

Printed in Japan
ISBN978-4-8071-5954-3

乱丁・落丁はお取りかえします。

この地図の作成に当たっては、国土地理院長の承認を得て、同院発行の100万分の1日本、50万分の1地方図及び20万分の1地勢図を使用した。（承認番号　平22業使、第484号）